READY-TO-USE RESOURCES

可见的学习与思维教学

成长型思维教学的 54 个教学资源

FOR MINDSETS IN THE CLASSROOM

［美］ 玛丽·凯·里琪 Mary Cay Ricci 著

中国青年出版社 CHINA YOUTH PRESS

中青文传媒

图书在版编目（CIP）数据

可见的学习与思维教学：成长型思维教学的54个教学资源：教学资源版/
（美）玛丽·凯·里琪著；林文静译.—北京：中国青年出版社，2019.3
书名原文：Ready-to-Use Resources for Mindsets in the Classroom: Everything Educators Need
for Building Growth Mindset Learning Communities
ISBN 978-7-5153-5474-3
Ⅰ.①可… Ⅱ.①玛…②林… Ⅲ.①中小学—课堂教学—教学研究 Ⅳ.①G632.421
中国版本图书馆CIP数据核字（2019）第005436号

Ready-to-Use Resources for Mindsets in the Classroom: Everything Educators Need for Building Growth
Mindset Learning Communities / by Mary Cay Ricci
Copyright ©（2015）by Prufrock Press Inc. Originally published in the United States by Prufrock Press
Simplified Chinese translation copyright © 2019 by China Youth Press
Published by arrangement through the Chinese Connection Agency, a division of The Yao Enterprises, LLC.
All rights reserved.

可见的学习与思维教学：
成长型思维教学的54个教学资源：教学资源版

作　　者：〔美〕玛丽·凯·里琪
译　　者：林文静
责任编辑：肖　佳
文字编辑：张祎琳
特约编辑：武天程
美术编辑：张燕楠
出　　版：中国青年出版社
发　　行：北京中青文文化传媒有限公司
电　　话：010-65511270/65516873
公司网址：www.cyb.com.cn
购书网址：zqwts.tmall.com
印　　刷：大厂回族自治县益利印刷有限公司
版　　次：2019年3月第1版
印　　次：2020年6月第3次印刷
开　　本：787×1092　　1/16
字　　数：130千字
印　　张：12.5
京权图字：01-2018-6251
书　　号：ISBN 978-7-5153-5474-3
定　　价：36.00元

版权声明

目 录
CONTENTS

CHAPTER 1

第一章

思维模式是什么？思维模式如何影响课堂

思维模式是什么？在斯坦福大学心理学教授卡罗尔·德韦克博士的引领下，对于学生学习和智力的思考，教育界正经历着转变。德韦克在2006年的专著中强调了"智力能够被提升"这个理念，同时创造了"成长型思维模式"这一术语。具备成长型思维模式的教育工作者坚信，所有的学生都可以通过努力、毅力和心理韧性，获得更大的成就。具备成长型思维模式的学习者坚信，通过努力，自己的智力是能够得到提升的。一个成长型思维的学习环境将这套理论概括为：人人都能成功，老师和学生应了解大脑的可塑性，以及勤勉不懈、坚韧不拔、心理韧性等性格特征产生的影响力。

德韦克也创造了另一个术语——"固定型思维模式"，作为"成长型思维模式"的反例。在"固定型思维模式"下，智力无法人为提升——人们可以学习新鲜事物，但无法改变自身的智力水平。被这种思维模式禁锢的人，可能认为他在某一领域的聪明才智是与生俱来的，而在其他领域则不然。有固定型思维模式的学生可能认为他永远也不会擅长某一门学科，或者不敢尝试他认为太难或害怕失败的事情。

过去几年，教育系统中各个教育阶段和学科的工作者，纷纷对"成长型思维模式"加以实践，佐证了其显著成效和振聋发聩的影响力。自《可见的学习与思维教学》出版后，我有幸和全国各学校、学区及学区领导合作，见证了致力于将学校和学区构建为成长型思维环境的教育工作者的专注投入，不由为之赞叹。尽管我造访学校的目的是指导对方，但他们却给我带来了成长。这些经历让一切变得更清楚：作为教育工作者，我们应该做些什么来创造成长型思维的学校和学区，让成人和学生相信，通过毅力、努力和动力，他们能够成功。

作为《可见的学习与思维教学》的资源手册，本书提供了各种资源来帮助教育工作者在他们的成长型思维旅程中前行。本书每个章节提供的资源与原书的章节内容一一对应。

自《可见的学习与思维教学》出版后，许多教育工作者与我联系，问我构建成长型思维学习环境的重点是什么。换言之，要构建成长型思维课堂，最为必要的工作有哪些？经过大量的倾听、观察、调研和思考，我确定了成长型思维文化的四个重要组成部分，也是任何学习环境都应当具备的基本要素。这四点不是一夜之间就能实现的，甚至一学年都不够。对此的投入和努力一定是长期的，教育工作者本身也必须具备成长型思维。

这四个基本要素如下所示：

1. 学生公平享有高级阶段学习的机会；

2. 教育者有意培养学生的心理技能，如毅力、心理韧性、坚韧不拔等品质；

3. 学生理解大脑的神经网络；

4. 教育者给予学生符合成长型思维模式的反馈和表扬。

实现上述目标的工具和资源都可在本书中找到。现在，我们把这四个基本要素分解一下。

· 公平享有高级阶段学习的机会

在你的班级、学校或学区，当教师拓展延伸教学策略或者加快教学进度时，是面向所有的学生，还是说只有带着"天赋学生"的标签才能接触此类机会？学校组织非正式评估和教师观察的目的，应该是让所有学生都有机会参加高阶学习，而不是仅限于那些能力强的学生。教师也必须具备成长型思维模式：不设门槛、不设障碍、不要说"抱歉，你还没准备好"这样的话语。

学生一旦有了这样的机会，有没有相应的支持来帮助他们成功呢？在我近期的一次探访中，发现一群高中老师自豪地宣称他们开放了所有的资优课程和大学预修课程，任何想修课的学生都可以注册。我为此感到高兴，但这样的喜悦并没有持续太久——他们接着说，这些未经老师推荐、自主报名的学生，大多数没能在课堂上获得"成功"。经过讨论之后，我们确认了以下两点：首先，资优课程和大学预修课程，根本没有根据学生的需求进行回应式或差异化教学。老师面对整个班级授课，好像全班25名学生都是同一水平。其次，老师抱有一种"任其沉浮，不进则退"的心态，即只要能进这个班，学生就应该能够应对学业。对于那些学生，教师也没有提供支持与帮助。事实上，在许多案例中，老师一看到孩子有学得吃力的迹象，就建议孩子换到一个标准班。（学得吃力不一定就是坏事，反而对学生而言是一个好的经历。不多多少少经历些学业上的挣扎，学生也很难培养心理韧性。关于这一点之后会有更多的讨论。）在公平享有机会的情况下，应该预先准备好支持来帮助学生成功。

· 有意培养心理技能

许多教育工作者没有意识到大约75%的成功是心理技能促成的（有些研究者将此称为非认知因素），而大约只有25%的成功是天生的智力或智商促成的。由此可见，培养心理技能至关重要，尤其对于那些能力或才能尚未得到发展的学生而言更是如此。这些必须有意塑造、教导及培养的技能包括但不限于：毅力、心理韧性、坚韧不拔、情绪调控、不会对思维碰撞和话语立场的差异感到不适、自信、应对失败的能力，以及处理评论和建设性反馈的能力。

这些心理技能应该在课堂中培养，在学科教学中讨论，在每天的校园生活中塑造。学生可以进行自我评估，并制订计划来提升技能或跟踪这些技能的成长（见第九章）。一个可用的资源是安吉拉·达克沃思的毅力评估量表。可以在https://sasupenn.qualtrics.com/SE/?SID=SV_06f6QSOS2pZW9qR（达克沃思官方网站）获取12个项目的量表。

通过这些评估量表，成人和学生就能了解自己有多"坚韧"。得分低的人，在一次不太成功的表现或没能掌握一个新概念之后，就能有意识地提升自己的能力、让自己进步，就能将努力付诸行动。让学生去采访在人生中展示毅力和坚韧的社区和家庭成员，会对他们产生很大影响。

与培养坚韧和心理韧性密切相关的是教导学生如何从错误和失败中学习。应当视错误为"数据"——这个数据可以帮助学生建立目标，迈向成功。

如何有意培养心理技能？这里推荐的第一步是思考你的课堂或学校都已经做好哪些准备。首先关注在不同学科中都有所体现的意志品质，比如毅力、心理韧性及坚韧，然后集合对此话题感兴趣的教职员工，大家一起研讨学校及学区有哪些经验可以用来培养这些非认知因素。接着建立目标和计划来追踪学生在上述方面的发展。当你进行这些任务时，"资源1：心理技能的培养"（第12页）能让你和你的员工派上用场。

·理解大脑和神经网络的概念

理解关于大脑神经网络的知识能够显著地增强驱动力。在卡罗尔·德韦克最初的纽约市研究项目中，学生汇报说，想象大脑神经元建立联结的画面，有助于他们进步。在我对许多学校的调研中，我常听学生说当他们面对一项有难度的任务或难以理解的一项新技能、新概念时，他们会想到他们的大脑神经元正在彼此联结，构建强韧的神经网络。可见，不用深入学习神经科学，仅对概念有所理解就能够增强学生的动力，助他们成功。大家可以在《可见的学习与思维教学》第106—114页或者在这本书的第八章找到关于如何教导学生了解神经元联结的方法。

· 教育者给予学生符合成长型思维模式的反馈和表扬

努力构建一个表扬努力、奋斗以及毅力的学习空间。当学生选择完成有难度的任务或尝试用新策略学习一个概念时，老师对此作出反馈并表扬他们。这样的反馈也包含你如何对学生行为作出反应，比如一个平时能力很强的学生在一次考试中失利了，对此你如何应对。教室、田野、庭院、钢琴前或厨房的餐桌旁——这些都是学习环境，无论在什么样的学习环境里，成人和学生都要喜欢说"然而"这个词，都要能听到"你虽然暂时没成功，然而只要多多练习，你一定可以"这样鼓励的语言。

关于成长型思维模式下的表扬，有两个很好的视频资源可供大家参考：

• 特雷弗·里根的《卡罗尔·德韦克：关于表扬和思维模式的研究》。这个视频很好地总结了德韦克对表扬产生影响的研究。可以在以下网址观看：http://m.youtube.com/watch?feature=youtu.be&v=NWv1VdDeoRY

•《芝麻街：加奈儿·梦耐演唱"然而"的力量》。这个芝麻街视频有趣地强调了"然而"这个词的重要性。可以在以下网址观看：http://www.youtube.com/watch?v=XLeUvZvuvAs

　　如果能全面落实上述四要素，就能够建立一个理想的成长型思维环境。"资源2：构建成长型思维学习环境的四要素"（第13页）对老师起到提示作用。"资源3：教室海报"（第14页）可以贴在学校和教室里引导学生。（下载这张海报以及书中其他海报的大尺寸版本，请查看这个网址：https://www.prufrock.com/mindset_resources.aspx.）

心理技能的培养

学校/办公室/项目：_____

日期：_____

心理技能	我们的学校和学区已经采取了哪些行动培养这些技能	培养心理技能的方法	如何监督进展、测评成果
毅力			
心理韧性			
从失败中学习的能力			

资源2

构建成长型思维学习环境的四要素

☑ 学生公平享有高级阶段学习的机会；

☑ 教育者有意培养学生的心理技能，如毅力、
心理韧性、坚韧不拔等品质；

☑ 让学生理解大脑的神经网络；

☑ 教师给予学生符合成长型思
维模式的反馈和表扬。

教室海报

在这间教室，我们将总是：

训练心理韧性以及毅力。

欢迎大家参加有挑战性的任务。

对学习过程中的努力和毅力提出表扬。

理解"迎难而上"是学习重要的一部分。

从我们的错误和失败中学习。

当我们觉得举步维艰或做有挑战性的事情时，想象一下此时神经元正在彼此联结。

CHAPTER **2**

第二章

建立成长型思维模式的思维教学的方法有哪些

若要构建成长型思维校园文化，首先要理解成人的思维模式对学生产生的影响。教育从业者首先要思考固定型思维模式和成长型思维模式对成功的影响。如果教师、父母、教练或任何类型的讲师用一种固定型思维去衡量孩子的能力、才能或技能，会给孩子带来消极的影响。

让行政人员、教职员工以及中学生去思考与智力有关的现有观念体系是一个好的起点。在专业学习成长型思维之前，让参与者反思自己对于智力现有的观念。使用"资源4：我对智力的看法"（第16页），同时教育工作者或学生应该思考：对于人类的智力，他们已经学习或观察到什么。向参加者确认这是一份私人文件，只供自己反思使用。当他们学习更多关于成长型思维方式和固定型思维方式以及神经可塑性的内容之后，可以再次填这个表，比较一下他们对智力的看法是否发生变化。

我对智力的看法

请分享你对智力的看法，以及/或者当你准备成为一名教师时，关于学生的智力，你被教导的观念是什么？

我对智力的看法是：

完成之后，将这份文件放入一个信封，在信封上写下你的名字以及今天的日期。

今年晚些时候，打开信封，看看自己上面所写的内容。反思你对智力的看法是否有变化。

·固定型思维和成长型思维对课堂的影响

与教育工作者一起建设成长型思维文化时，给他们机会去讨论固定型思维和成长型思维的潜在影响，这一点很重要。初步了解固定型思维和成长型思维之后，可以将"资源5：思维模式从哪些方面影响学生的成就"（第18页）作为专业学习阶段之前的形成性评估。这个工具将引导教育工作者反思这两种思维模式对成就的影响，也可以在团队讨论或全体教职员工的讨论中作为谈论的关键点。

·让大家分享顾虑

在向成长型思维学校和校区文化转型的初期，让教职员工了解这一过程中会遇到潜在或可见的障碍。教育工作者应当有机会来分享他们的顾虑，并能够公开表达自己为何会产生这种想法，比如，"这永远都不可能奏效"或者"这只是刮阵风，大家6个月之内就会忘了"。大家若有机会公开说出这些想法或顾虑，就不会背后议论了——说小话可能会妨碍学校或学区的建设目标正常进行。为了让大家"赞同"成长型思维的理念，留出时间给教职员工，让他们表达想法、顾虑和感想，这样能主动发现问题并及时解决，你的学校也能迈向设定的目标。

在我访校期间，常发现一个主观障碍的例子，老师们认为建设成长型思维环境增加了他们的工作量。这个问题其实很容易解决：成长型思维方式是一个理念，而不是教学法；是对学生和教师本身进行重新定位，而不是一套需要大家学习的新课标；它不是一套需要研究的

资源 5

思维模式从哪些方面影响学生的成就

教育工作者的固定型思维模式从哪些方面影响学生的成就以及平等享有高阶学习的机会	教育工作者的成长型思维模式从哪些方面影响学生的成就以及平等享有高阶学习的机会

工具，也不是一套新的教学策略……它是一种教师积极挖掘学生潜能的思维方式和观念。

在访问若干校区期间，我让老师们谈谈建设成长型思维校园文化时，大家遇到的潜在障碍或主观障碍。我组织老师们进行讨论时，学校管理层是不在场的。下面列出的回应，是老师们认为会遇到的主观障碍。有趣的是，其中很多回应暴露了参与者的固定型思维模式。这是我对一起共事的教育工作者进行的摸底，让我能深入了解他们的思维模式。现在，看看你是否能够从以下回应中辨识出固定型思维模式。

成长型思维环境的主观障碍

来自小学老师的回应：

在我们校区难以形成成长型思维文化，可能因为：

• 外部因素（家庭生活、父母等）

• 我们不容许孩子"失败"并从"失败"中学习

• 我们不想让我们的学生觉得学习是件吃力的事情

• 我们班级人数太多

• 我们无法教育所有老师

• 我们的学校管理者不会"允许"老师偏离课程大纲，教授关于成长型思维和大脑的课程

• 我们的许多老师都抗拒"新"事物

• 我们的一些老师持有固定型思维模式

• 我们得先教育父母

- 测试分数和成绩妨碍成长型思维

来自初中老师的回应：

- 缺少父母的支持

- 学生要升入的高中就是固定型思维环境

- 同步实施的政策太多，忙不过来

- 学生人群多样化（学生有情感、心理的不同需求）

- 孩子的观念

- 时间

- 初中生容易放弃

- 考试和成绩

来自高中老师的回应：

- 学生不一定买单——缺少驱动力

- 没有责任人

- 州测试和成绩妨碍成长型思维

- 孩子们没有从根本上得到激励

- 成绩不好就等同于失败，绝不能成绩不好

- 出勤

- 老师之间缺少一致性

- 老师有固定型思维模式

　　一旦这些主观障碍摆到了台面上，大家会进一步讨论如何积极主动地去应对。相反，如果教育工作者没能公开讨论这些障碍并提出建设性意见，他们可能就会背后议论，从而妨碍成长型思维环境的构建。

在讨论中，许多小组提及关键性考试的要求和评分标准与成长型思维环境不兼容。在某种程度上，我同样认为这是个障碍。考试成绩关注的是最终结果，而不是过程、努力或毅力。我们有许多学生在传统评估中没能展示他们的潜能。对测试的强调是从高等教育一点点渗透下来的。好消息是我们看到越来越多的大学院校选择"非强制性考试"（在有些案例中，面试取代了笔试分数）——如此看来，K-12年级的教学不再那么强调应试也是有希望的。根据美国国家公平测试中心（FairTest）的统计，在2014年，800多所四年制高等院校没有把SAT和/或ACT成绩作为他们招生使用的筛选标准。

此外，作家兼教授亚当·格兰特于2014年给《纽约时报》写了题为《摒弃大学申请体系》的文章，文章一针见血地指出学生应该去评估中心做评估，作为申请大学的一部分，而不是某个周六早上花5小时参加SAT或ACT测试。评估中心的一些考察内容没有那么传统，格兰特建议把小组活动、面试和创造力测评结合起来，综合测评。我认为也要加入一些针对非认知因素的测试，比如考察学生是否有毅力、职业道德、坚韧不拔的品质等。我知道，我们还没做到这一步，但有希望。

学校和学区能够控制的是评分标准和成绩报告程序。通过成长型思维透视当前的评分和报告体系，你看到毅力、心理韧性和职业道德这些词了吗？成绩单是否评价了学生的学习过程，或体现了他们乐意从错误中学习？我们现在的教育体制过分强调大型统考（比如，PRACC，即为升学或就业准备的评价联盟；Smarter Balance，即智力平衡评估），从总体上来说，老师、学校或学区不能自行改变或不参与这些考试。然而，我们能控制评分标准和成绩单怎么写。大家所在学校或学区的教育工作者最可能认为统考是建设成长型思维环境的障碍，因此我敦促大家认清什么还不能改变（比如州际测试），同时关注能够改变、提升或调整的部分（比如如何在成绩单上体现学生能力）。

最后，还有个主观障碍多次被提及，即"如果一个持有固定型思维的老师觉得自己拥有成长型思维，那该怎么办"，这就是我们要不断地去回顾、反思成长型思维的原因之一。当教育工作者投入到学习中，不断给他们提供自我反思的机会，并通过角色扮演让他们发现自己在哪些领域持有固定型思维。

"资源6：构建成长型思维环境过程中主观和潜在的障碍"（第23页）为教育工作者提供一个模板，让他们把所有的想法写在纸上；这个资源也可以让他们头脑风暴，想出障碍的解决方案。让每个小组成员独立或与搭档一起反思潜在的障碍，接着在小组里公开讨论。不要匆忙完成这个任务。留出充裕的时间，如果一次讨论不完，就分多次讨论。这个活动能保证老师的积极性。当你回顾整个学年的成长型思维，再次看看障碍清单，已经解决的障碍就可以划掉了。

· 辨识固定型思维模式和成长型思维模式的话语和行动

评价电影片段，可以用来审视各种情境中的固定型思维模式和成长型思维模式。老师和学生可以一起使用"资源7：固定型思维模式和成长型思维模式观察表"（第25页），老师和学生观看一个视频片段，观察人物的话语和行动，找出固定型思维模式和成长型思维模式的例子。

资 源 6

构建成长型思维环境过程中主观和潜在的障碍

可能的障碍	积极清除障碍的计划

　　我最爱的视频之一是《当幸福来敲门》中克里斯·加德纳参加面试的桥段（阿尔珀、克莱曼、德·埃斯波西托、泽和穆希诺，2006；网址：https://www.youtube.com/watch?v=gHXKitKAT1E）。在这个场景里，面试官们从一开始就展示了固定型思维模式，比如握手时没有目光接触、面无表情等等；相反，克里斯·加德纳通过他的话语和行动展示了成长型思维，比如，当他谈到自己不是特别了解的方面，就热切地说："我会找到答案的。"可以在图1中找到其他关于固定型思维模式和成长型思维模式的视频片段。

- 凯西·贝茨在《弱点》中饰演苏小姐（汉考克，2009）
  https://www.youtube.com/watch?v=38Xuz-r8Q5U&feature=youtu.be&list=PLfM-YfRN00toPuUcmpGa2avM16QOYtbUi
- 《冲浪企鹅》里的冲浪童子军场景（布兰农&巴克，2007）
  http://www.wingclips.com/movie-clips/surfs-up/surf-scout
- 《美食从天而降2》里的科学奇迹（卡梅伦&皮尔恩，2013）
  http://www.wingclips.com/movie-clips/cloudy-with-a-chance-of-meatballs-2/wonders-of-science
- 《十月的天空》中的发射测验（约翰斯顿，1999；这个电影有益于学生观察心理韧性）
  http://www.youtube.com/watch?v=cP_OM5VVcSo

图1 观察固定型思维模式和成长型思维模式的一些影视资料

　　看完所选的视频片段之后，小组成员一起讨论在视频中观察到的话语与行动，同时也可以讨论自己对视频的理解。这个练习可以开阔眼界，让大家自我反思，尤其反思一些不经意间传递固定型思维信息

资源 7

固定型思维模式和成长型思维模式观察表

人物	固定型思维模式的话语和行为	成长型思维模式的话语和行为	其他观察

的肢体语言。我经常用这个练习作为老师和学生的形成性评估。

· 固定型思维模式的练习

在建设成长型思维环境的过程中，追踪进度、多做回顾，其实与建设本身同样重要。在第九章，我们列了一个清单，告诉大家在建设成长型思维环境过程中应该关注什么。在此之前，我们先要用全新的视角审视我们学校，辨别校园环境中的固定型思维。

现在，我到学校调研，注意到了很多先前当任课教师时忽略的细节。我总会特别关注学校大厅和教室陈列了什么。在学校建设成长型思维文化过程中，陈列物或公告栏透露的固定型思维常被忽略。比如，在一所小学，我看到公告栏张贴着显眼的"优秀学生榜"，上榜的学生试卷，大都是既工整又正确的。这种以优秀为价值的陈列，如何去体现努力、错误和失败的价值呢？学生又会如何去理解"优秀学生"这个词呢？

在小学阶段，我注意到，如果学生在规定的时间内掌握了基本知识，老师就会在榜单上表扬这样的学生——注意只有掌握了知识的学生才得到这样的认可，对于那些在学习过程中有所进步的学生，我却没看到丝毫认可。顺便提一下，发给学生的奖励贴上写着什么呢？我们在教室里使用的奖励贴，上面写着："完美！""100%""A+"。把这种奖励贴扔掉吧，换成颂扬努力、成长或进步的贴纸，才是有意义的。与其让家长在汽车保险杠上贴上"我儿子在切斯纳特山小学上了光荣榜"这种贴纸，不如换成"我儿子在切斯纳特山小学展示了毅力"或"我女儿在切斯纳特山小学努力极了"。

想想你学校的表彰大会。一些教育工作者问我表彰大会是否有意义。一位在科罗拉多州的教育工作者向我解释，她所在的学校每季度都做一次表彰，但一些孩子从来没被表彰过，永远坐在礼堂的最后两排。如果你的学校和学区也这么做，那么召集你们的领导团队，问他们这样做的目的是什么。如果回答是对成绩的认可，我会反驳说学生得了高分，就是对他们努力的认可。（顺道一提，有些学生没怎么努力就得了A，他们没有受到挑战。）如果回答是为了激励其他学生，那么注意了，是不是每次都是同一批学生没被认可？这样的表彰真的激励了其他学生吗？如果迫于外界压力不能取消这样的活动，那么除了成绩之外，可以利用这个场合来表彰成长和努力。

通过成长型思维的视角看看你所在学校的一切活动（见这本书后面的资源43）。挑战你的教职员工，让大家也以成长型思维的视角看待一切，那么大家可能会为自己的所见所闻而惊讶。

CHAPTER 3

第三章
为何差异化、回应式课堂对成长型思维教学如此重要

回应式教学是指在课堂上，老师能了解学生的需求并和他们进行有效沟通，即在教学伊始就能够关注学生需要什么帮助，而不是等到学习中途或结尾才关注。差异化、回应式教学应当成为教师日常教学的一部分。"资源8：差异化、回应式教学设计检查清单"（第31页）为回应式教学单元的设计提供了建议性指导方针。（原先的清单在《可见的学习与思维教学》第66页，这里有所调整。）这个资源有助于指导老师设计一个回应式教学单元。更多细节见《可见的学习与思维教学》第三章。

这只是差异化、回应式教学的一个模型。你用什么模型都没关系，只要所有学生都享有平等的学习机会得以进步，而且也不依赖测试结果或标签（如：学习障碍、有天赋、有才能、优等生等）来满足他们的学习需求。不应该让孩子们在层层闯关后才能获得更丰富的、更高阶的学习内容。如果有先例不允许学生参加高于年级水平标准的学习，想一想这样的情形：假设有一个标准声明学生必须能够数到10，但有个小孩能够数到20，那么你难道会说"噢，抱歉，根据我们的年级水平标准，你要等到明年才能数到20"吗？我们从未这样限制这样的小孩，那么为何有些学校或学区不允许学生升班到高年级学习呢？

如果教育工作者有工具和时间，通过非正式或正式的方式及时评估学生在某个时间点的水平，那么学生就有更多机会平等参与高阶学习。教育工作者也必须努力在传统考试中没发挥强项的学生身上寻找、挖掘他们的潜能和才能。

· 预评估

为了能够回应学生的需求，我们得在教学伊始就了解学生的水平。我们通过日常的预评估和预习就可以做到这一点。有效使用预评估，可以确保老师和学生都以成长型思维方式教与学，并且都相信努力和毅力是决定成功的最重要的因素。没有预评估，一些学生就失去了塑造心理韧性的机会，因为他们没有遇到过挑战，也没在学习中经历过举步维艰的阶段。尽管形成性评估也可以在教学期间被用来确定差异性需求，但在教学初期使用预评估可以了解到学生的差异性。

教学初期就了解学生的差异性，能让老师提前充实教学方案，而且在教学主题内，给学生提供加速学习的机会。预评估能让老师了解学生学过了什么知识，不浪费学生的时间。

差异化、回应式教学设计检查清单

☐ 确定需要评估的技能、内容、概念或步骤，自己设计或使用学校或学区的预评估。

☐ 设计与教学单元相关的固定活动。

☐ 用2—5分钟做预习，以便在预评估之前激活背景知识。

☐ 学生参加预评估。

☐ 分析预评估：确定学生已经掌握的领域、任何可能存在的不足以及每个学生的学习需求。

☐ 确认可以压缩课程的学生，为这些学生的学习需求做教学计划。

☐ 确认已经完全理解教学内容并准备好进入下一阶段学习的学生，为这些学生加餐及加速学习。

☐ 形成教学小组——如果需要，示范固定活动的要求，小组当天轮流分享。每天，老师都将指导每一个小组。每个小组之间留出一些时间，回答学生提出的问题，确保每个人都在正确的轨道上，表扬学生所付出的努力。

☐ 每天都进行形成性评估。利用这些信息来教导学生，也让老师自我反思。如果大多数学生无法理解教学内容，就换一种方式重新教。根据形成性评估的结果，小组间的学生可能调换。

☐ 总结性评估、任务、成果（以及作业）都必须以每个小组的差异化教学为基础，因而必然有组间差异。

预 习

　　设计你自己的预评估或使用现成的预评估之前，要做一项重要的准备工作。你必须要给学生机会去"预习"评估的内容。预习，通过激发评估领域的记忆，让大脑做好准备。我知道有人会这样想："如果我那么做，那评估对学生而言岂不是太容易了？"或"这是作弊！"不是这样的。事实上，预习给学生机会在预评估之前激活知识背景和先前所学的知识，这样评估的结果才会很好地反映他们理解的东西。

预评估的设计

　　使用哪种预评估取决于要评估的内容。预评估不一定都是笔试。在小学阶段，若想让学生展示他们所学的知识，你可以让他们做具体的数学运算，或者让他们讨论文章的结构，通过读书笔记或听课笔记考察他们的理解力。如果你想评估他们会不会测量，那么递给他们一把尺子，看看他们能做什么。如果想让学生识别作者的观点，老师可以跟小组一起，通过指导性讨论，留意一下学生是如何理解"作者观点"的。在这两个案例中，老师应该做观察记录，评估学生从具体到抽象的一系列理解水平。"资源9：设计预习和预评估的检查清单"（第33—34页），可以在设计预评估时用作指南。

资源9

设计预习和预评估的检查清单

☐ **预评估的预习：**为了让大脑为预评估做好准备，选择一个3—5分钟的任务，激活与评估内容相关的背景知识。以下是可以用于预评估的预习：可以用作复习或介绍内容的短视频、一篇短文加上老师引导的一些中心问题、与评估内容相关的一张照片或一幅画、技能展示示例、班级集体讨论。

☐ 预评估不一定非要考试或小测验。以下的方框举了一个非测试的例子。

这个预评估的设计是用来评估学生对州共同核心课程标准RL4.3的理解——利用文本里具体的细节（如人物的想法、话语以及行动），详细描述一个故事或戏剧中的人物、场景或事件。

1. 选一个短篇故事，里面有人物、场景和事件的细节。让学生独立阅读。

2. 让学生写这篇文章的摘要。

3. 接下来学生听老师大声朗读这个故事，并跟读。

4. 用这篇文章作为资源，让学生参与分享与提问的讨论。（登录http://www.juniorgreatbooks.org 这个网站查阅分享与提问的信息）

5. 讨论之后，学生可以修改原先的摘要。

6. 老师将通过学生的书面回答以及在分享与提问环节中的口头回答，确定学生对RL4.3的理解。这给学生提供了两种不同的机会，即书面与口头，证明他们的理解力。

☐ **老师应该大声读出预评估的指令，这样所有学生都能理解提问的内容。**（一个有阅读障碍的学生不应该由于读不懂题目要求而在数学科目上发挥失常。）

☐ 在预评估之前，老师可以对学生说几句话。这将有助于学生明确预评估的缘由，比如："今天我想看看你们对分数了解多少。这个练习不打分，但你们要做到最好，这非常重要。这将有助于我准备适合你们的教学材料。"

☐ 要有深度。一次数学预评估不是简单的计算，而应该包括数学技能或概念的应用。一次针对文学手法理解的预评估不应该只让学生找出文中使用的文学手法，也要让他们用所学的文学手法进行创作。

☐ 设计预评估时，可以使用不同题型，从解决问题到提出问题，都能展示学生的理解力。避免正误题、多选题，或其他学生能够猜答案的评估形式。

☐ 至少用两种方式评估每个标准、技能或概念。

☐ 在同一教学题目中设计一些高于年级水平的问题。有些学生对知识的掌握超出他们所在的年级。

☐ 分析评估的结果。辨认出学生掌握/理解了哪些内容，哪些内容还没学会。为那些已经完全理解教学内容的学生压缩课程、加餐、加快学习速度。

·形成性评估

每天通过形成性评估检查学生的理解力。不需要打分，而是利用这些评估引导教学。通过评估来确定哪位学生需要重新教一遍，以及哪位学生准备好接着往下学。形成性评估可以采用各种方式，而且使用这些评估时，要让学生知道你的目标。允许学生反思他们的学习并辨认自己的学习目标。"资源10：了解大脑的形成性评估"（第37页）以及"资源11：了解成长型思维的形成性评估"（第38页）让学生去思考他们所学的内容、提问题以及确定他们还想多学些什么——这能够成为每个学生自己的学习目标。

在过去几年，多样化的在线形成性评估不断涌现。可以在常识媒体网站（Common Sense Media）上找到一份不错的清单：https://www.graphite.org/top-picks/top-tech-tools-for-formative-assessment。教托邦（Edutopia）也提供了53种检查理解力的方式，这份清单可以在这里找到：http://www.edutopia.org/pdfs/blogs/edutopia-finley-53ways-check-for-understanding.pdf。

弗雷尔模型是一个信息组织导图，能深度检测理解力。比如，如果你有意在课堂上讲解毅力这一概念，那么你可以使用弗雷尔模型，让学生给毅力下定义、确认特征并提供与毅力有关的正面和反面例子。这让教育工作者能够更加洞悉学生的理解深度。资源12（第39页）是弗雷尔模型的空白图表，可以用来检查学生对诸如毅力、心理韧性、失败、坚韧、固定型思维和成长型思维等概念的理解力。（更多的弗雷尔模型空白表可以在网上获取。）在模型图表的每个格子里，让学生用词语、图表或图片表达他们的想法。图2是利用弗雷尔模型做形成性评估的一些例子，这些例子是由美国马里兰州弗雷德里克郡的小学资优培养部的老师提供的。

·教学设计模板

无论对于刚开始进行差异化教学的老师，还是想用视觉化模板设计教学的有经验的老师而言，教学设计模板都是有用的工具。"资源13：差异化/回应式教学模板（供两个组使用）"（第41页）以及"资源14：差异化/回应式教学模板（供三个组使用）"（第42页）提供的教学模板可以用来帮助老师把如何回应学生的需求具象化。其中一个资源指导老师思考两组的回应式教学模型，另外一个资源采用的是三组的回应式教学模型。

资源 10

了解大脑的形成性评估

1. 关于大脑我所了解的三件事：

2. 我对两件事有疑问：

3. 关于大脑我想多了解的一件事：

资源11

了解成长型思维的形成性评估

1. 关于成长型思维我所了解的三件事：

2. 我对两件事有疑问：

3. 关于成长型思维我想多了解的一件事：

弗雷尔模型（空白表）

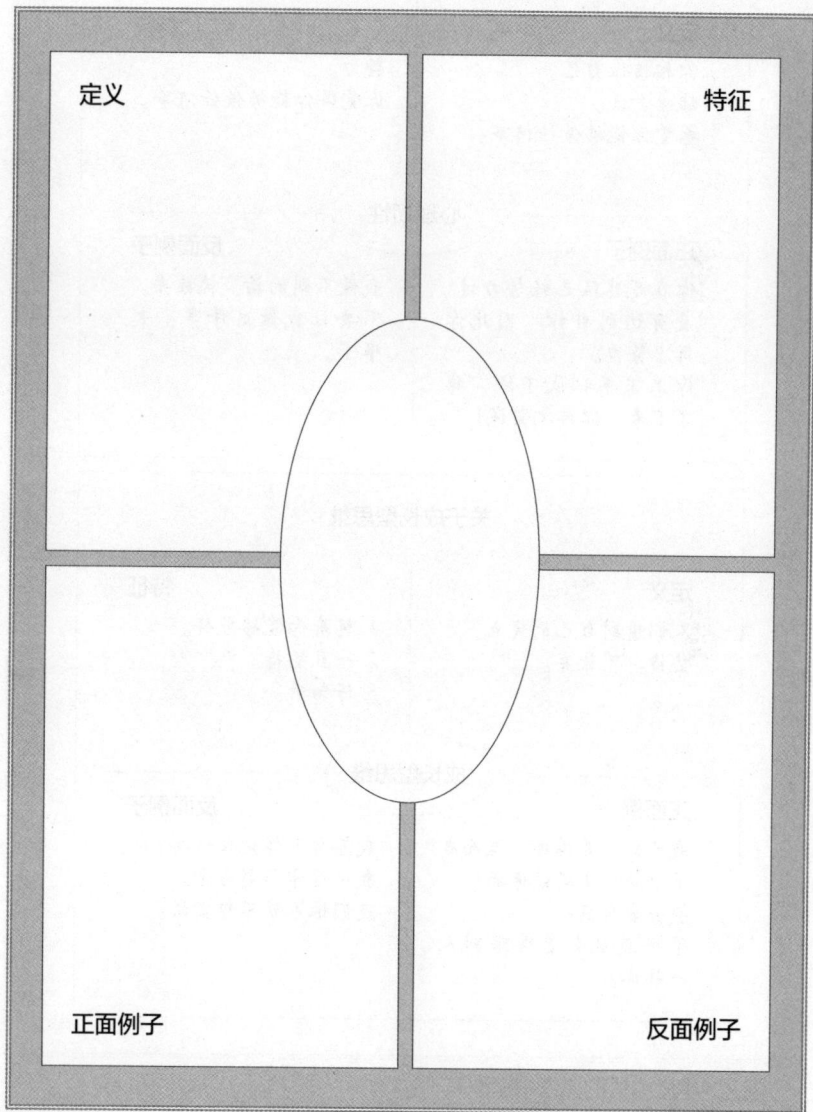

定义	特征
正面例子	反面例子

关于心理韧性

定义

你相信你自己。
继续尝试。
感觉你能够做任何事。

特征

毅力。
你觉得你能够做任何事。

心理韧性

正面例子

你在足球队已经努力过，
没有达到目标，因此你
再次努力。
你上了单杠试了试，掉
了下来。你再次尝试！

反面例子

我做不到的话，就放弃。
不要让我做这件事，太
难了。

关于成长型思维

定义

人们想到自己的优点，
坚持，不放弃。

特征

1. 想着你能够做好。
2. 一直坚持。
3. 仔细听。

成长型思维

正面例子

我可能不是很棒，然而我
很快就会变得很棒的！
我会变优秀。
很快我就会变得跟别人
一样棒。

反面例子

我怎么可能记住这些？
我永远学不好数学。
我们根本就不想尝试。

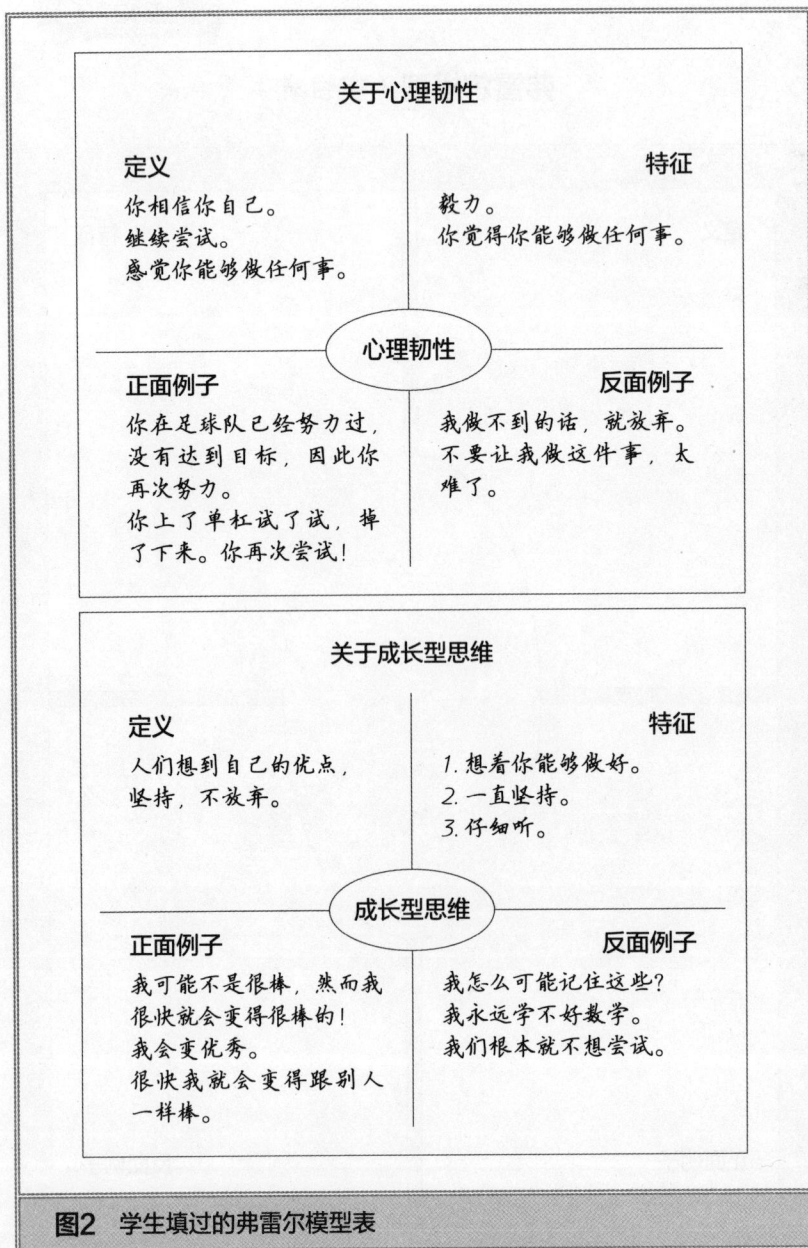

图2　学生填过的弗雷尔模型表

资源 13

差异化/回应式教学模板（供两个小组使用）

州共同核心标准技能及教学目标：

预习及预评估　→

停止

在根据学生差异性进行分组之前进行预评估

面向整个班级的小课程：5—15分钟（可选择）

直接教学　→　　　压缩课程（包括教学）→

固定活动　　　　加速/加餐

总结性评估　　　总结性评估　　　形成性评估

资源 14

差异化/回应式教学模板（供三个组使用）

州共同核心标准技能及教学目标：

预习及预评估 →

停止

在根据学生差异性进行分组之前进行预评估 →

面向整个班级的小课程：5—15分钟（可选择）

固定活动	直接教学 ↓	压缩课程（包括教学）↓	高能力加速/加餐 ↓
			新的学习目标
	加速/加餐	加速/加餐	
总结性评估	总结性评估	总结性评估	形成性评估

CHAPTER **4**

第四章

为何批判性思维对成长型思维教学如此重要

　　《可见的学习与思维教学》第四章强调了批判性思维的学习机会是成长型思维环境的一部分，这对所有学生而言都是很重要的。《可见的学习与思维教学》分享的"批判性思维下的成长型思维模式课堂课题"，其结果是老师对那些成绩平平但在批判性思考方面表现突出的学生提高了期待。通过批判性思维的游戏，平常可能没机会展示认知能力的学生，就能够被老师注意到了。老师们已经在研讨会上做过这些游戏（而且从桌上散落的玩具部件能看出很多老师玩游戏时费了不少脑力），知道游戏的难度，所以他们对孩子们在游戏中展示的能力刮目相看，对这些学生的期待值也大大提升了。除了游戏，老师也在本章节里了解到了批判性推理的范例。这些批判性推理的学习机会不仅可以锻炼学生的大脑神经，而且也让老师提升对学生的期待值。

　　必须为学生提供每天练习批判性思维的机会。可以把本章的策略视作一个资源库。结合目前的教学进度，老师可以使用以下策略进行预习或预评估，教某个知识点，检测学生理解，加餐，建立学生对概念的理解，复习，考试。检查理解力的材料、用作教案、增强概念性理解力的材料、作为复习或考试材料等。

·贴在背部的标签

基于从杰罗姆·布鲁纳的概念获得模型中学到的经验，我开发了一种批判性思维策略，我称之为"贴在背部的标签"。这个策略旨在帮助学生学习如何一步步进行演绎推理。

"贴在背部的标签"这一活动策略的灵感源于鸡尾酒派对上经常玩的一个传统游戏，游戏的难度在于需要用到批判性推理。当我父母举办派对时（由于当时我还是个小孩，只能从楼上暗中观察），进屋的每个客人背部都贴着一张贴纸，上面写着一个人的名字，这个人可以是某个受欢迎的朋友或名人：芭比和肯（玩具娃娃名字），露西和里奇（美国电视剧角色名），戴安娜·罗斯（歌手），马文·盖伊（歌手）等等；然后这个客人通过问其他人问题来猜背后到底贴着谁的名字。

相比之下，"贴在背部的标签"策略更进了一步——把写着某人名字、数字、地理位置，或物品的贴纸贴在学生背部，然后学生只能问是或否的问题来确定自己背部贴的是什么。"资源15：贴在背部的标签活动指令"（第47页）详述了批判性推理策略的步骤，"资源16：标签集"（第48页）提供了一套标签范例，其中的人物都有克服困难、从失败中重生的经历，都展现了强大的心理韧性、坚韧不拔的精神和成长型思维。这套标签集适合4—12年级使用。不过，我已经通过示范和用句子主干的方式，对幼儿园的孩子们应用这个策略了。对于低年级学生，背部的贴纸可以是数字、形状、故事里的人物图片等。

在游戏结束，老师做总结时，老师可以问学生他们在游戏一开始时问了什么问题，进而介绍或强化演绎推理的概念。大多数学生一开始问的都是些笼统的问题，比如"我的人物是女孩吗"或"我是活着的吗"，当他们对他们的人物有更多了解之后，问题就会更具体些。

·概念定位

概念定位利用带有共同特征的图像引导学生了解一个概念。你有没有发现教概念时，如果使用图像作为例子，学生对概念的理解会更深入？在这一教学策略中，成组出现的图像会激发学生的很多思考，同时图像有一定的排列方式，学生先观察两个一组的图像，找出物品的共性，再看三个一组的图像，找共性。比如，物品的概念定位是为幼儿园或一年级学生设计的。给学生看两个一组的图像，让他们找共性，他们可能会这样回答：

- 自行车和阿拉丁神灯。它们都是金属的。
- 幸运草和阿拉丁神灯。它们帮人们实现愿望、带来好运或具备魔力。
- 母鸡和猪。它们在农场生活。
- 活页本和马戏团。它们都有三个圈。

给学生看三个一组的图像，他们找到的共同点可能包括：

- 母鸡、猪和大象。它们都是动物。它们都有脚。
- 幸运草、自行车、马戏团。它们在地上。

在游戏过程中，让学生观察每个图像的细节。问学生：为什么母鸡戴着一顶帽子、留着小胡子呢？我想知道它在哪里生活，是法国吗？（典型的法国人形象是戴帽子留小胡子。）让学生思考他们在活动中说出的所有关联，思考所有这些图像是否有一个共性。如果有人想到"三"这个概念，让这位学生解释一下。比如，你可能听到：

- 这只猪是《三只小猪》的一分子。
- 这辆自行车有三个轮子。
- 这棵幸运草有三片叶子。
- 这只母鸡是三只法国母鸡的其中一只。
- 这个活页本有三个圈。
- 这盏阿拉丁神灯能帮人实现三个愿望。

如果没人想出你打算讲的概念，讲其他相关的概念也可以，让学生当天思考，这样隔天就可以回顾。你也可以额外增加一个图像，比如插着三根蜡烛的生日蛋糕。

"资源17：概念定位——教学步骤指南"（第49—50页）给教师讲解了如何做概念定位，也提供了两个例子。

· 概念的发展与形成

《可见的学习与思维教学》中提及两个活动策略——猜想盒（第102—106页）和系列策略（第118—119页）。这两个策略最初是为马里兰州的蒙哥马利郡公立学校2012年的"评估、诊断和教学项目（PADI）"设计的，在本书中做了改编。

资源 15

贴在背部的标签活动指令

指令

☐ 每个学生的背部都贴上一个知名人物（或小有名气的人物）的名字。挑战是弄清背部的名字。

☐ 每个学生可以问答案为"是"或"否"的问题。一个学生可以回答两个问题，然后提问者再去询问其他学生。

☐ 如果学生愿意，他们把问到的信息记录下来。

☐ 如果有人问了一个关于背部人物的问题，学生的答案不是很确定，他们应该说不知道。（而不是给出不正确的信息。）

☐ 学生通过这个解谜的过程，应该意识到自己正使用哪种思维方式。

☐ 在规定的时间末尾（至少有一半的学生已经知道背部标签的人物是谁了），让学生集合，讨论活动过程。让那些还没找到答案的学生暂时不要把贴纸摘下来，因为小组可以建议他们再提一些问题。

☐ 通过问以下问题展开讨论（让学生举手）：你们有多少人已经知道背部人物是谁了？你们有多少人可以描述背部的人物，但不能想起具体的名字？谁需要一些提示来问下一个问题？

汇报过程

☐ 有没有人用到的策略和你的一样？请解释。

☐ 你提出的最有价值的问题是什么？

☐ 除了提问，有没有别的方法能够帮助你？

☐ 你做了什么样的思考？

☐ 如果重来一次，你会不会换一种方式去做某些事情？

标签集

在现实生活中，有很多克服了困难、具备心理韧性和毅力、从挫折中学习，以及展示成长型思维的人物，在空白标签上写上这些人物的名字，贴在每个学生的背后，这样学生就看不到自己背后的名字。名字的选择要适龄。活动结束之后，学生可以研究那些人物在生活中遇到了什么挫折，克服了什么困难，是如何坚持及展示成长型思维的。

金·凯瑞	西德尼·普瓦蒂埃
史蒂维·旺德	哈里森·福特
德米·洛瓦托	甲壳虫乐队
贝娅尼·汉密尔顿	詹姆斯·戴森（吸尘器发明者）
埃尔维斯·普雷斯利	文森特·凡·高
哈里·贝莉	阿加莎·克里斯蒂
王薇薇	露西尔·鲍尔
珍妮弗·洛佩兹	尤利西斯·S.格兰特
Jay-Z	亚伯拉罕·林肯
比尔·盖茨	埃米纳姆
艾德·希兰	玛莎·斯图尔特
西蒙·考威尔	R.H.梅西
托马斯·爱迪生	桑德斯上校
迈克尔·乔丹	斯蒂芬·斯皮尔伯格
奥普拉·温弗里	马克·库班
苏斯博士	查尔斯·达尔文
J.K.罗琳	路易莎·梅·奥尔科特
贝多芬	杰克·伦敦
鲁斯宝贝	弗雷德·阿斯泰尔
约翰·格里沙姆	史蒂夫·乔布斯
铃木·本田（汽车制造商）	纳尔逊·曼德拉

概念定位——教学步骤指南

概念形成是指找到关联、看到所给物品之间的关系，然后对概念下定义。概念形成是学习新知识所需的一个关键技能。

在你的教学过程中，有没有哪个学科概念你觉得学生使用图像会更容易理解？选择一个比较抽象的概念做这个练习效果最好。比如，"关系"比"宠物"好。

❑ 选择一个概念，思考什么图像最能代表这个概念。

❑ 在电脑上做一个概念定位，打开一个文档，添加图像。在网上找图像插入文档（通常3—6个图像足以建构一个概念）。

❑ 可以用投影仪放映概念定位，或者每个学生都有一份概念定位的材料。

使用概念定位

确定你在教学过程中如何应用"概念定位"活动：做预评估或形成性评估？激活背景知识？作为学习新知识的媒介？引发讨论？拓展概念？还是其他？

给每个学生一段时间（1—2分钟），让学生安静地观察图片。然后用以下问题让大家表达想法（否则问题就被"脑子转得快"的学生抢答了）：

❑ **谁能找出两件在某些方面有共同点的事物？**（听取所有学生的回答。在此期间，观察、听学生说图像之间独特的关联。）

❑ **谁能找出三件在某些方面有共同点的事物？**（听取所有学生的回答。在此期间，观察、听学生说图像之间独特的关联。）

❑ **让大家寻找所有图像的共同点。**（听取所有学生的回答。在此期间，观察、听学生说图像之间独特的关联。）

☐ 是否还有人补充有这个共同点的其他事物。

☐ 让大家思考老师为什么在课上讲这个"共同点"。你认为这个"共同点"是什么概念？你认为大家将学习到什么？（这个问题把这个活动和教学内容联系在一起。）

☐ 有没有谁想再添加一个有这个共性的图像？

猜想盒

如同"贴在背部的标签"策略，猜想盒策略也是在杰罗姆·布鲁纳的概念获得模型基础上建立起来的。猜想盒策略要求学生猜测盒子里有什么物品（选取的物品从某种程度上与教学内容相关），从而促进学生思考。非常重要的一点是，当老师认为学生已经知道盒子里有什么时，老师也不能立刻结束这个活动。

学生必须通过问"是"或"否"的问题来确认盒中物。资源18（第51—53页）详述了猜想盒的活动步骤，资源19（第54页）是一些可放入盒子的物品，这些物品与介绍成长型思维有关。可能一开始做猜想盒活动时，你会觉得自己很笨，但请坚持！当你和你的学生做过几次活动之后，你将看到学生在提问和推理方面的成长。你也将看到你在给线索以及回应模糊问题方面的成长。

资源 18

猜想盒的活动步骤

盒子里装着未知的物品，将有效促进大家思考。盒中物的选择应该与教学内容挂钩。猜想盒的活动也可以用于预评估和形成性评估。课前在黑板上或图表纸上画两栏。在第一栏的顶部写"它的特征是＿＿＿＿＿＿"。在第二栏的顶部（这一栏可以小一点）写一个"？"。

首先，告诉学生盒子里有东西，他们的任务就是找出盒子里装的是什么。他们可以提出答案为"是"或"否"的问题。"否"和"是"同样重要，因为两种答案都会告诉我们关于盒中物的宝贵信息。

在图表纸上，记录从提问中得到的"肯定的特征"。（不要列"不是黄的""不是圆的"等。）在活动结束时，描述盒中物的词语或短语都会清楚地罗列在图表纸上，供学生使用。

至于提出多少个问题，这个没有限制。事实上，许多学生知道盒子里的物品之后，提出的问题层次更高，老师也可以看到学生迸发的智慧的火花。

猜想盒的活动指南

☐ 告诉学生你在盒子里放的是实物还是实物的模型或图片。（若是模型或图片，也要当成实物一样提问题并作答。）

☐ 根据需要，准备一些线索。开始提问之前，说出一条线索。如果小组人数少，线索可以提供得更清楚些。

  ▶ 线索不可与物品名称有关。比如，如果你在盒子里放了一个南瓜，你不能说："它的首字母是'p'。"物品名与物品的特征没有关系。

☐ 只记录肯定的特征（即肯定的答案）。

  ▶ 比如：可食用的、水果、圆的、橘色的、白的、绿的、种子、长在藤上、可以被雕刻、几乎只能在秋天见到、成片地生长、有果肉、在一个童话故事里变成一辆马车、有一些搬起来很沉、种子可以拿来煮。

☐ 如果学生问"大吗？软吗？沉吗？"等等，让他们和某样东西做比较，例如："跟××一样重"或"跟××一样软"。

☐ 偶尔学生会问一个老师不能回答的问题，或老师觉得这个问题的答案会误导学生。在这种情形下，在"？"这一栏写下问题，展示物品之后再跟学生讨论。

☐ 当有些学生快猜中正确答案时，问大家："你们有多少人可以问两到三个让我回答'是'的新问题？"（这要求学生更加批判性地思考盒子里是什么。）

☐ 大多数老师很快就结束了猜想盒的活动。其实，即使多数小孩知道盒子里的物品，也可以继续进行活动，看看谁能提出更有深度的问题。（观察谁提出更高层次的问题。）

☐ 如果学生看起来像是知道盒子里的物品，老师说"1-2-3，小声告诉我"。如果学生说的并不是盒子中的物品，让他们继续提问。

☐ 总结活动的过程及反思。

猜想盒：活动总结及反思

物品展示之后，总结及反思很重要。

问学生以下问题：

☐ 哪个问题帮助你弄清盒子里的物品（帮助最大的问题）？

☐ 谁问的那个问题？你为何问这个问题？

问学生他们为何要问某些问题。和学生讨论哪些问题对他们而言很重要，原因是什么。从这些问题中可以得到什么信息？

☐ 三个最宝贵的特征是什么？换言之，如果我们只能选择三个词或短语来描述这个物品，它们是什么？

在图表纸或黑板上圈出或标记学生认为对于描述物品最重要的特征。

如果学生不赞成，讨论从每个特征当中获得的信息，达成一致。

跟学生分享你为何选这个物品。将其与已经学过的或将要学的内容建立联系。

放入猜想盒的物品

成 长

物品	建议的线索
种子	你可能在外头找到的东西。
小植物	颜色是一个重要的因素。
一个没有成熟的草莓或西红柿	可以吃的。（展示物品之后，讨论它们没有熟的事实。）
一张成长图表	你可以挂的东西。或者你可能在医生的办公室找到的东西。

失 败

物品	建议的线索
写着"不及格"的试卷	令你不开心的事。
便利贴（便利贴的发明源自另一个发明的失败）	用纸做成的。
巧克力曲奇（因失误而发明的）	可以握在手里的东西。
砂纸（坚韧）	有粗糙表层的东西。

大 脑

物品	建议的线索
橡皮筋（神经可塑性）	你可能在办公室找到的东西。
海绵（更多细节见《可见的学习与思维教学》第104—106页）	你做清洁时可能用到的东西。
神经元	从未独自存在的东西。 可以在你的身体内部找到的东西。 （向学生介绍神经元之后，把这个放入猜想盒。这可以当成形成性评估来看看他们对神经元记得多少。）

系列策略

围绕一个具体的概念，收集一系列有共性的物品，可以帮助学生发展归类、分析特征、发现关系、形成概念的能力。有两种系列——顺序系列和揭示系列。在揭示系列里，同时陈列所有物品，如果物品之间的关联明显，则揭示系列成立。关注点是在一组物品中，寻找子分类和组内的差异性。相互关联后一组动物玩具，或一组交通工具模型，属于合适的揭示系列。

顺序系列指一次陈列一个物品。不要把物品名作为此类收藏品的共性，比方说所有物品的首字母都是"B"，或者它们的名称都是合成词。物品的共同特征需要深层次的批判性思考才能总结出来。

每个物品展示的顺序都很有目的性。展示每个物品之后，学生会猜测这一系列的主题是什么，这时老师就在索引卡或便利贴上把学生的预测记下来。每个物品展示完，老师回顾学生所有的猜测，由学生决定哪些卡片/便利贴要保留，哪些要拿掉。如果学生的解释合理，卡片就保留。如果学生发现了一个先前没提及的共同特征，你也可以把拿走的类别放回来。

设计物品陈列顺序时，确保一开始的几个物品享有共同特征——颜色、形状、目的等等。学生根据这些作出猜测后，你就可以陈列一些没有明显共性的物品，创造概念上的冲突。如果学生给出的回答不是那么显而易见，要求学生做出合理的解释。参见以下示例：

物品陈列的顺序：

1. 一个支票簿或网上银行支票账户的打印件。学生的答案可能是：跟钱有关的东西，包里的东西，你需要签名的东西，跟数字有关的东西。（学生会有更多的想法。）

2. 一本烹饪书（选一本有健康食谱的烹饪书）。被排除的答案可能包括：跟钱有关的东西，你需要签名的东西，包里的东西（在某些案例中，学生认为烹饪书可以放在包里，这样你去超市购物时就能根据食谱选择食材了）。新的想法：跟页数有关的东西，有封面的东西，成直角的东西。

3. 儿童读物（内容跟芭蕾或滑冰有关）。被排除的答案可能包括：包里的东西（尽管有人会反驳说妈妈在她们的包里放孩子的书，若出现此类，则保留）。新的想法：纸做的东西，书，以字母"B"打头的东西。

4. 三个叠放起来的木块。这些木块将给大部分学生造成概念上的冲突。被排除的答案可能包括：书，纸做成的东西，包里的东西，有页码的东西，有封面的东西，有数字的东西。新的想法：用树做成的东西，有不同部件的东西，正变得过时的东西。

5. 一个动物坐独轮车的玩具或一张独轮车的图片。这将给余下的学生造成概念上的冲突。被排除的答案可能是：用树做成的东西，以字母"B"开头的东西。新的想法：家用品、代表不同年代的东西。

这一系列的最后一个物品是用来揭晓谜题的。这个物品应该对这一系列物品的共性起到强化作用。对于上述系列物品而言，可以用以下任何一个物品作为最后一个陈列的：

- 任何需要平衡的玩具

- 一张平衡木的图片

- 一个天平

- 一个陀螺或一辆自行车

可能你还留存了一些其他的物品，那么也告诉大家它们是什么，然后说出你围绕这一系列物品体现的概念是"平衡"。让学生解释每个物品的概念：

- 支票簿或网上银行支票账户打印件——银行账户要收支平衡（对于那些不了解支票簿的年纪较小的学生，不要把这个物品放进盒子。）

- 健康的烹饪书——平衡的饮食

- 关于芭蕾或滑冰的儿童读物——芭蕾和滑冰需要平衡

- 方块——它们叠搭起来，形成了一个平衡的状态

- 独轮车——需要平衡以避免摔下来

问学生还有没有别的物品可以增加到这一系列中来。谈论"平衡"这一概念，以及这个概念可以通过各种不同方式来应用。对于年纪大一点的学生，问他们一些反面例子——不适合这个系列的物品。

有关平衡的系列可以成为导入数学单元的工具；这一数学单元涉及平衡、解方程，或者介绍代数。它也可以用于介绍一篇以"平衡"为主题的文学作品。

"资源20：系列策略"（第60—62页）和"资源21：顺序系列排序"（第63—64页）可以帮助你思考如何设计顺序系列。

·批判性推理游戏

在学习过程中，游戏的力量在教育领域变得越来越受欢迎。尽管大部分人谈的都是数码游戏，但学生能够拿在手里操作的益智推理小玩具也可以产生类似的效果。如上提及，批判性推理游戏已成为"批判性思维下的成长型思维模式课堂课题"的重要组成环节，而且如何将这样的游戏导入学习也成了课题一个关键组成部分。以下指南能够帮助大家选择合适的游戏来培养批判性思维。

1. 选择适合学生的水平但不依赖阅读或数学技能的游戏。选择能够进行数量推理、类比、演绎推理或归纳推理的非口头语言表达游戏。我最喜爱的游戏包括以下这些"新想法"公司出品的游戏（可以在http://www.thinkfun.com购买）：

a. K−1年级：小旋转、小高峰、乌龟机器人

b. 2年级−成人：形状测定、固化巧克力、砌砖头、旋转、叠方块、重力迷宫、激光迷宫、倾翻、高峰期以及高峰期轮班

2. 给老师们提供一个专业学习的机会。介绍或回顾神经可塑性、批判性思维的构成，然后分别介绍每个游戏，再让老师互为搭档或单独玩10分钟。在这期间观察老师们的行为，听听有没有固定型思维的表述，比如"我的视觉空间感不好"。分享你的观察并与成长型思维关联起来。

3. 给老师们提供一个时间表和把游戏引入课堂的想法。可以把一些游戏的线上版本投影出来教学（高峰期、激光迷宫和固化

巧克力），在http://www.thinkfun.com/playonline找线上版本。

4. 学生将使用个人游戏追踪表来跟踪他们的游戏。例子见"资源22：游戏追踪表"（第65—66页）。他们每次玩游戏时，先重新闯一次之前的一关，从而为他们的神经元联结做好准备。

学生可以在老师指定的时间内参加游戏。比如，一个数学老师可以在他的课堂上设置形状测定游戏作为固定活动来发展学生的数量推理能力、塑造他们的毅力，同时在州共同核心标准的数学资料库中找一些数学练习。如果学生较早完成课堂作业，或数学老师正好跟另外一组学生一起，学生可以独立完成形状测定游戏，或者和搭档配合完成。

小学生可以在课间休息时参加这个游戏，这个游戏可以作为小组数学轮流活动，或是作为固定活动。

让所有水平的学生都通过这些策略构建认知能力，他们以此见证自己的成长，这也有助于构建成长型思维课堂文化。

系列策略

围绕一个具体的概念，陈列一系列有共性的物品，可以帮助学生发展归类能力、分析特征的能力及发现关联的能力。这也是提高学生解决问题能力的强有力工具。

有两种类型的系列——顺序系列和揭示系列。在揭示系列中，同时陈列所有物品。如果这些物品之间有明显关联，这个系列就成立。重点是在这组物品当中寻找子分类和差异。一组动物玩具或交通工具模型都很适合。

顺序系列是指有目的地一次展示一个物品。每个物品展示之后，老师记录学生对系列共性的预测。最后出现的物品是用来揭开谜底的。该物品对这一系列物品的共性有强化作用。

物品展示的顺序很重要。从能够产生多种可能性的物品开始展示，让特征逐步变得具象化。

顺序系列：对你而言曾经非常重要的东西

物品取决于学生的年龄—— 一个小学生的系列与一个高中生的系列不一样。以下物品可以在K-2年级使用。

1. 把以下建议的物品放入包内，别让学生看到：

☐ 泰迪熊（豆豆娃）

☐ 法兰绒布料或小毯子

☐ 橡皮奶嘴

☐ 婴儿纸板书

☐ 第一次生日的贺卡或蜡烛

☐ 婴儿或学步儿的家庭相框

☐ 学前班的照片或毕业证

备选物品：

☐ 一缕头发

☐ 婴儿床、婴儿手推车或婴儿护栏的照片或模型

2. 通过问以下问题介绍这一系列物品：

☐ 你们有没有收藏什么东西？

☐ 你们为何收藏这些东西？

☐ 还有什么方式可以增加你们的藏品？

然后告诉学生：今天我带了一系列收藏品。我包里的东西，都有一个共同特点，我想让你们试着思考一下这个特点是什么？我会一次取出一个物品，然后在这张卡片（*索引卡或便利贴*）上记下你们的想法。大家看看我收藏的第一个物品。

3. 把泰迪熊或豆豆娃拿出来。问学生：你们认为我这包藏品是关于什么的收藏呢？记录学生的回答。回答可能包括熊、填充动物、玩具、软的东西，以及以字母"B"开头的东西。

4. 取出小毯子。告诉学生：大家看看我们填的卡片，刚才的猜测仍然合理吗？如果你们觉得不再合理了，就把卡片翻过来。让学生解释原因。问：这一系列藏品的主题是什么？你们还有什么别的想法？记下他们的回答。

5. 取出橡皮奶嘴。告诉学生：大家看看我们填的卡片，刚才的猜测仍然合理吗？如果你们觉得不再合理了，就把卡片翻过来。让学生解释原因。问：这一系列藏品的主题是什么？你们还有什么别的想法？记下他们的回答。回答可能包括：婴儿吃的东西，软的东西，睡觉时用的东西，让你开心的东西。

6. 继续这个过程，直到所有物品都被展示出来。

7. 给大家展示还没有被翻过去的卡片：你们为我的收藏提出的所有这些想法都很好。任何一个想法都合理。你们付出很多努力，同时积极思考！让我告诉你们我安排这些物品时的想法吧。这一系列的收藏品的共同特点就是曾经对你而言非常重要的东西。

8. 通过以下问题来总结活动：

a. 为何这些东西是重要的？

b. 让我们看看这一系列物品。在过去，哪个物品对你而言重要？为什么？它们为何不再像以前一样重要了？

c. 这一系列收藏品的任何一个物品现在对你而言还重要吗？为什么呢？

d. 如果让你为这一系列收藏品增添一些物品，那会是什么？

e. 我为何把这一系列物品放在一起？

9. 把这一系列收藏品和某个学科、心理技能，或21世纪必备技能关联起来。可能的关联包括：

a. 社会学——了解过去

b. 阅读——历史小说

顺序系列排序

这个系列代表哪个概念：

这个系列的物品可能有哪些：

前2到3个物品应该有许多共性（想一想形状、材料、目的等）

给这一系列物品排的次序可能是：

1. _____

学生对此的回应可能是：

2. _____

学生对此的回应可能是：

3. _____

学生对此的回应可能是：

4. _____

学生对此的回应可能是：

资源21 续

5. _____

学生对此的回应可能是：

6. _____

学生对此的回应可能是：

7. _____

学生对此的回应可能是：

你认为哪个物品将造成概念上的冲突？

你将选哪个物品来作为最后呈现的？

资源 22

游戏追踪表
我玩了这些游戏！

当你玩下列游戏时，先把上次的级别再玩一次，之后再升级。

姓名：＿＿＿＿＿＿＿

游戏的名字：形状测定		游戏的名字：固化巧克力		游戏的名字：高峰期		游戏的名字：砌砖块		游戏的名字：旋转	
日期	上次的级别	日期	上次的级别	日期	上次的级别	日期	上次的级别	日期	上次的级别

资源 22 集

游戏追踪表

我玩了这些游戏！

当你玩下列游戏时，先把上次的级别再玩一次，之后再升级。

姓名：_____

游戏的名字：		游戏的名字：		游戏的名字：		游戏的名字：		游戏的名字：	
日期	上次的级别	日期	上次的级别	日期	上次的级别	日期	上次的级别	日期	上次的级别

CHAPTER 5

第五章

学生如何从失败中学习

在过去的一年，很多教育工作者给我讲述了他们如何将传统课堂改造成一个学生不畏犯错和失败的环境。在这样的课堂上，学生明白错误不是对他们智力的评判，而是学习过程的一部分。在这样的课堂上，学生明白遇到真正的挑战时，他们会觉得举步维艰，有时还会犯错、失败——这都没有关系。他们会从错误中得到反思和提升。

"失败的礼物：教导学生如何从失败中获得成长的50个窍门"（切瑟，2013；见http://www. opencolleges.edu.au/informed/features/the-gift-of-failure-50-tips-for-teaching-students-how-to-fail/）给老师们提供了一系列教学生正确应对失败的方法，其中的重点窍门包括：

• 教他们承担责任。

• 教他们重新开始。（我会补充一点：首先教他们判断什么时候重新开始最妥当。如果一觉得吃力就从头开始，是无法培养坚韧品质和心理韧性的。）

- 培养好奇心。

- 教他们创新。

- 让他们哭、发牢骚、抱怨。（我会补充一个词："偶尔"）

- 教他们在乎。

- 强调谦逊。

关于这50个窍门，作者丽萨·切瑟还给了读者一个重要的提示：

记住：当你浏览这些窍门时，你可能会骄傲地告诉自己这些都已经做过了。但教导学生如何面对失败，虽有模式和规律，也有差异性。这些窍门在使用时，要相互关联、相互补充，这样学生才能够从经验中真正地学习和成长。

"资源23：关于错误和失败这个话题，教师谈论的要点"（第69页）给教师们提供了一些跟学生探讨错误和失败时，可以用到的要点示例。这些练习应该成为每天学习的一部分。把这个资源放在你桌上或夹进你的规划本、成绩簿，时刻提醒自己要给学生们传递什么样的信息。

·因错而生的发明

错误和失败有时比原目标产生更好的结果——这是一个值得与学生分享的概念。《有用的错误：40个众所周知的发明以及它们是如何产生的》，是夏洛特·琼斯写的一本书，对所有年龄段的学生都大有神益。每天了解和讨论一个"错误"，如此学习40天，将很好地把关于失败的对话融入日常学习。这本书描述了一些我们常见的食物和日用品，比

资源 23

关于错误和失败这个话题，教师谈论的要点

❑ 分享一些你犯过的最严重的错误，然后分享你是如何从中学习的。

❑ 让学生知道失败是他们的朋友——这是学习的一个重要部分。

❑ 使用"大声思考"策略来证明你是如何从错误和失败中学习的。
（"大声思考"策略，可以在https://www.teachervision.com/skill-builder/problem-solving/48546.html 中找到。）

❑ 每天都讨论错误和失败积极的一面。将错误和失败视为"数据"。

❑ 当介绍一个新的技能或概念时：

▸ 让学生知道你欢迎错误，并鼓励学生和其他人分享错误，这样每个人都能从中学习。

▸ 让学生知道，你希望他们在学习新事物时感到吃力，这对于他们是有益的。在迎难而上的过程中，大脑会形成新的神经元联结，并构筑心理韧性。

❑ 创造一个安全的环境，大家不能取笑或消极地评价他人的错误。

❑ 鼓励学生分享他们的一些"最佳错误"或"史无前例的错误"以及他们从中学习到什么。

❑ 对学生寄予高期待，当学生没有达到期待时，要如实告诉他们，同时告诉他们如何做才能自我提升。给他们时间重新完成任务，并在这一过程中支持他们。

❑ 在试卷上把错误圈起来。让学生知道这代表"此处需要格外留意"。通过书面评语或当面给他们提供反馈。（在试卷上打叉并不能教学生什么。）允许学生重做。

如巧克力曲奇、薯条、便利贴、紧身衣、青霉素是如何通过错误而发明的。讨论该书之后，学生可以探索其他由于失败而发明的事物。"资源24：因错而生的发明"（第71页）提供了一个此类物品清单。这个清单也可以用于批判性思考活动策略、"贴在背部的标签"活动（见第四章），或者学生可以研究这些发明产生的背景。（和学生讨论失败时，你也可以使用第四章的资源16，里面列举了一些成功克服困难的人，让学生从中学习经验。）

·关于失败的引言

"资源25：关于失败的名人名言"（第72页）列出了鼓舞人们迎难而上的金句。仅仅把这些名人名言挂在学校和教室的墙上是不够的，学生必须要有机会深入解读和讨论它们。一些想法包括：

- 学生来解读这些名言，看看其他人的解读是否和自己的有差异。
- 学生可以讨论这些名言是否引起他们的共鸣。
- 学生可以讨论这些名言是否与他们自己的生活有关联。
- 学生可以讨论为何时间流逝而这些名言却得以流传。
- 学生可以讨论这些名言的重要性或不重要的点。

·建设性反馈以及重做

从错误和失败中学习的重点是知道如何给予并接收具体的、建设性的反馈，同时不觉得是被人身攻击了或感到受伤。《奥斯汀的蝴蝶：在学生的作业中构建卓越——模型、评论以及描述性反馈》（可以在

因错而生的发明

便利贴

巧克力曲奇

青霉素

机灵鬼弹簧玩具（slinky）

Wheaties盒装麦片

糖精

玉米片

薯片

塑料

起搏器

培乐多泥胶

香槟

特氟龙

安全玻璃

飞盘

橡皮泥

圆筒冰淇淋

强力胶

Velcro魔术贴

微波炉

烟花

冰棍儿

火柴

X射线

不锈钢

资源25

—— 关于失败的名人名言 ——

可以通过各种不同的方式使用以下名人名言：

- ☐ 作为每天早上宣告的一部分；
- ☐ 和学生讨论并解读；
- ☐ 在教室或过道墙上展示；
- ☐ 写入父母的每周公报；
- ☐ 了解这个人为何要说这句话；
- ☐ 用来激励学生。

庆祝成功固然好，但更重要的是从失败中吸取教训。
——比尔·盖茨

当你冒险时，你将知道有成功的时刻，也有失败的时刻，两者同等重要。
——艾伦·狄珍妮丝

错误是发现的入口。
——詹姆斯·乔伊斯

没有失败。只有反馈。
——罗伯特·艾伦

失败只是一个机会——让你重新开始的时候更明智。
——亨利·福特

再试，再失败，更好地失败。
——塞缪尔·贝克特

你可能屡遭失败，但你不能被打败。事实上，你需要遭遇失败，才能知道自己是谁，能够从失败中学到什么，以及如何从失败中走出来。
——玛雅·安吉罗

我能接受失败，每个人做某件事都有可能失败。但我不能接受不去尝试。
——迈克尔·乔丹

成功不是终点，失败并非宿命：唯有勇气才是永恒。
——温斯顿·丘吉尔

我没有失败过。我只是发现了10000种不奏效的方式。
——托马斯·爱迪生

只有一件事使梦想不能成真：害怕失败。
——保罗·柯艾略

成功是力求完美、努力工作、从失败中学习、忠诚以及毅力的结果。
——科林·鲍威尔

前往成功的道路上你总会途经失败。
——米基·鲁尼

https://vimeo.com/38247060找到这个视频）对教师的职业学习以及各年级的学生来说都是一个很好的视频。它很清晰地展示了如果教师的反馈和评论能够给学生机会去钻研、练习、提升他们的课业，那么这种反馈和评论就会给学生带来能力的提升。

这里插一句，我跟12岁的女儿谈论失败时，她问我是否介意在这一章节增添她自己的经历，并继续分享道，在小学、初中、高中，很多老师总会对班上的同学说："在我们课上犯错没关系，只要我们能够从中学到什么。"对我来说，这样的话语听起来不错——直到她说老师并没有帮助学生弄清哪里出错了。我女儿想表明什么呢？如果一位老师真的认为犯错没关系，那么他应该适当地支持学生，引导他们反思和分析哪里出了错。

教师要给学生提供适当的帮助，比如引导他们换一种学习方式，或者多做练习和实践，之后再让他们重新完成作业并重新考试。如果没有反思或新的学习方式，重做是没有意义的。如果数学测试中学生的分数低于年级平均水平，数学老师可能允许学生重考——但在重考之前如果没有给学生提供系统性的帮助，重考是没用的。就像我女儿所说，通常老师会说"在其他人休息或放学的时候来重考"。——老师没有额外地教导、支持或引导学生。如果一位老师真正相信错误是重要的学习工具，而且学生试着从错误中学习，那么不要在学生第一次尝试时就打分。和学生一起，引导、帮助他用新的方式学习，并给他提供练习的时间和空间。

· 找到关于失败的真实故事

国家地理网站有一篇给7—12年级学生阅读的好文章，这篇文章让读者了解著名的探险家以及失败在探险中起了什么作用。文章的标题是《著名的失败：失败是一种选择》，作者是汉娜·布洛赫（见http://ngm.nationalgeographic.com/2013/09/famous-failures/bloch-text。这篇文章与小说《沙克尔顿的偷渡者》一起阅读也很不错）。文章有许多显而易见的讨论点，比如：

> "我尝试爬到珠穆朗玛峰顶峰时，在前面四次尝试中我学会了攀登时不能做什么。"登山家皮特·阿森斯说。他七次抵达世界最高峰。"失败给了你机会去重新审视你的方法。你在冒险时，也越来越睿智。"

给学生找一些讲述失败价值的真实故事，如此学生就能看到失败在人生的许多方面都起到积极的作用。

· 视频资源

关于失败的最后资源，"资源26：关于失败的视频"（第75—76页）是一份视频清单，可以和你课堂上关于失败的讨论相辅相成。利用这些视频激发学生对错误与失败这一话题的兴趣，看完视频后鼓励大家讨论。所有这些资源致力于创建一个让学生达到最佳学习状态的无风险环境。

资源 26

关于失败的视频

视频标题	网址	摘要	年级	时长
名人的失败	https://www.youtube.com/watch?v=zLYECljmnQs	该视频讲述了迈克尔·乔丹、艾尔伯特·爱因斯坦、奥普拉·温弗里、史蒂夫·乔布斯、艾米纳姆、托马斯·爱迪生、沃尔特·迪士尼、莱昂内尔·梅西、苏斯博士以及亚伯拉罕·林肯应对失败的故事。	6-12	3分钟
不畏失败主题的广告（主角迈克尔·乔丹）	https://www.youtube.com/watch?v=45mMioJ5szc	在这个耐克广告中，乔丹说："在我的事业中，我有9000多次投篮未中。我在近300场比赛中失败过。有26次投决胜球未中。在我的人生中，我一次又一次地失败，而这却是我成功的原因。"	K-12	30秒
《拜见罗宾森一家》中关于失败的场景	https://www.youtube.com/watch?v=TNXr5Alytg4	小路尝试修理一个小装置却没成功，他感到很沮丧，但罗宾森一家却为他的失败欢呼庆祝。	K-8	1分钟

资源 26 集

视频标题	网址	摘要	年级	时长
名人的失败所传递的勇气——致速舞人心	https://www.youtube.com/watch?v=YdeyI0vXdP0	这个视频讲述了传奇的公众人物经历失败而未曾放弃的故事。	5~12	4.5分钟
25个改变世界的意外发明	https://www.youtube.com/watch?v=pf_Qv3q0M_c	这个视频描述了25个意外的发明——我们将这些发明归功于错误与失败。	K~12	9分钟
拥抱孩子的失败	https://www.youtube.com/watch?v=Bj3xetxg6fY	这个视频是至善科学中心（the Greater good Science Center）面向家长制作的系列视频之一，主题是拥抱孩子们的失败，让他们从中学会迎接挑战。	父母	4分钟

CHAPTER **6**

第六章

如何开展成长型思维教学

　　这一章节的资源可以帮助学生培养成长型思维。先看看学生对大脑已经了解多少，然后再向学生讲解神经元在学习中的作用。现在越来越多的研究都强调了让学生了解自己大脑的重要性。如果明白了自己的大脑是如何运作的，孩子将会体验很多益处，比如，驱动力增强了，乐意接受新挑战，用健康的心态应对失败。由于课程及教学的时间紧迫，加上学校强调同年级的教学内容要保持一致，教育工作者没法在已经排满的课程和教学计划上灵活地增加内容。因此，教育工作者需要运用创造力，将神经科学概念和成长型思维知识嵌入教学计划。

　　记住：许多学习体验必须贯穿整个学年——老师要不断提醒学生：他们有能力变得更聪明，每个人的大脑都有弹力（神经重塑性）——这取决于他们如何使用大脑。因此，老师需要想一些有创意的方式教给学生智力可塑性的概念，并带着他们一遍遍回顾这个概念。结合你教的科目和所在的年级思考一下，你如何找机会把基本的大脑知识及成长型思维的概念介绍给学生？

这一章节提供的一些资源（更多的理念见《可见的学习与思维教学》第六章）能够帮学生理解他们在学习时大脑是什么状态。其中有些练习，还会让学生想象：自己在学习、训练及掌握知识的过程中神经元不断联结并且联结逐步得到强化的画面。

·预评估：了解学生已知的大脑知识

在预评估之前，让学生先预习一下与评估相关的技能或概念，这样能让学生的大脑做好准备、激活背景知识。对小学生的预评估可以简单一些，比如由一系列的问题引出讨论：

老师指着学生的头部问：

• 谁知道里面是什么？

• 我们使用大脑做什么？

老师向学生解释自己想知道学生对大脑及大脑如何运作了解多少。比如，你可以说："我打算给你们一张纸，让你们做两件事。"举起一张预评估的空白纸（见"资源27：学生关于大脑知识的预评估"，第79页）。让学生画一画他们觉得自己大脑的样子。然后让学生写出他们了解的关于大脑的任何信息。提醒学生这个活动不打分，只是帮老师了解大家知道些什么。给中学生做的预评估，可以要求图文兼备："把你了解的大脑的知识写出来，并配图。"学生完成预评估后，教师阅卷，找出答案的规律（如《可见的学习与思维教学》第97—98页描述的，有些答案可能让你感到惊讶），然后开始做教学计划。

学生关于大脑知识的预评估

画一幅图：你认为大脑长什么样？

写下关于大脑你所知道的一切。

学生扮演神经元

1. 请三到五位学生扮演神经元。若是小学生和中学生，你可以让他们举着一张神经元的图片或在脖子上挂一张画着神经元的卡片。

2. 问同学们能否分享最近学到的新知识。学生的答案可能包括代数、一门外语、缝纫、一项运动等等。以多姆同学的回答为例：他在数学课上刚开始学除法。老师在班上宣布：现在这一群神经元代表多姆大脑的一部分。

3. 取出一根细线，让两位扮演神经元的学生分别拉着这根线的一端，这样就联结在一起了。告诉学生这根细线就代表除法，多姆刚开始学除法，因此神经元之间的联结很纤细，还不够强大。

4. 问多姆，哪些知识他掌握得越来越好，但还需要多加练习。多姆的回答是乘法。这时，两位扮演神经元的学生可以用更粗一点的线联结起来。这代表乘法比除法掌握得更好，但还没有到精通的水平。

5. 问多姆，哪些知识他已经完全掌握了，即他不仅自己理解，还能够教别人。多姆的回答是加法。现在扮演多姆大脑神经元的两三位学生就用一根粗绳相互联结起来。（可能的话，三种粗细的绳子颜色一致。）

6. 下一步，描述下列场景：

a. 让我们看多姆的除法联结：它现在是一根细线，当多姆学了更多除法知识并做了大量除法题后，会发生什么呢？假设多姆坚持学习，努力练习，最后成为了除法专家。这根细线会发生什么变化？此时，向学生展示这代表神经元联结的细线如何被一根强韧的粗绳取代。

b. 相反，如果多姆认为除法对他而言太难了决定放弃，这一联结会发生什么变化？（它要么勉强联在一起，要么干脆断掉了。）

c. 思考一下：多姆在暑假期间一点都没练除法，开学第一天他参加了一个数学摸底。你认为他的除法联结将发生什么？（因为长时间没有使用，所以联结变细了。）但由于这个知识不是刚学的，所以只需多练习练习，联结就会很快变粗壮。

7. 让学生回忆他们学某样新事物的沮丧时刻。让他们想象自己每次跨越挑战，掌握了这个新知识，他们的神经元就有了更加强大的联结。当同学们面临挑战时，让他们思考这些神经元联结，提醒他们："一旦你们构建了强大的神经元联结，你们就增加了大脑密度，就变得更加聪明！"

8. 下一步要做的是让同学们完成"资源29：我强大的神经元联结和尚未强大的神经元联结"。

在正式教学前，给学生一些关于大脑如何运作的背景知识，告诉他们："我们的大脑里都有脑细胞，称为神经元。它们特别小，肉眼看不到，放在显微镜底下才能看到。我们有数以亿计的神经元，有些联结着彼此，有些只是在周围漂浮着。"给他们展示一张神经元的图表。让学生谈论关于神经元的形态他们都注意到了什么，然后让学生思考是什么让这些神经元联结在一起。

本章提供了一节神经元教学课。这节课强调的是，当你接触新知识时，不理解，也没掌握，这时的大脑中会发生什么。我给所有年龄段的学生都用过这个资源；甚至在高中，整个班级都扮演神经元，试着把老师的大脑表演出来。

·反思他们自己的学习

让学生思考他们新学的技能以及他们很久以前就已经学过并完全理解的知识。让学生画出他们强大的神经元联结和"尚未强大"的神经元联结。让学生比较他们理解的、擅长的，以及刚接触尚未完全理解的知识。新知识用一根非常细的线或虚线来展示，尚未完全掌握的知识应该用一根更粗一些的线来展示，而精通的知识应该由一根非常粗的线联结。通常年纪大一些的学生，会画很多神经元联结，把大脑轮廓填满。提醒年纪小一点的学生把神经元画小一点（它们不需要看起来像神经元），这样他们就可以在自己的大脑轮廓里画许多联结。这是一项很有趣的任务，可以每个季度做一次，这样学生就可以比较他们的大脑随着时间获得的成长。

资源 29

我强大的神经元联结和尚未强大的神经元联结

大脑

·"然而"

"然而"的力量最近在教育界变得非常盛行，从《卡罗尔·德韦克谈论"然而"的力量》(https://www.youtube.com/watch?v=ZyAc4nIIm8) 到《芝麻街：加奈儿·梦耐演唱"然而"的力量》(https://www.youtube.com/watch?v=XLeUvZvuvAs)，我看到教育工作者、父母以及教练都信奉"然而"这个词的重要性。我拜访过的若干初高中课堂，都把"然而"这个词高高挂在教室的墙壁上作为一种提醒。资源30（第85—88页）是一个示范课（灵感源自马里兰弗雷德里克郡高阶学习办），可以用来和学生谈论"然而"这个词的力量。

·成长型思维语言

在你的课堂上，有意识地引导学生去说你想听到的语言，花这样的时间是值得的。让学生知道你的目标就是通过某种方式表扬他们的付出、策略、批判性思维、努力、乐意迎接挑战、积极采取的行动等等。向学生解释，夸他们聪明、有创造力或优秀实际上并没有对他们付出的努力进行反馈，而只是说出他们本来是什么样的。告诉学生你希望同学们之间也能够以同样的方式相互评价。

当他们发现自己用固定型思维模式思考或说话时，鼓励他们转变思维。比如，当他们认为或者说出"这对我而言太难了"时，问他们是否能够想到或说出更符合成长型思维的语言。

资源30

"然而"的力量

备注：

☐ 学生完成并理解神经元概念后使用。

☐ 尽管这堂课的部分内容是基于一册绘本展开的，但它是个很切题的例子，教给孩子如何应对新挑战——适用于各年级。

材料

☐ 一轴线或一团细绳/细纱

☐ 关于学习新事物的书，比如《开步走！——给各年龄阶段宝宝的指南》(玛拉·弗雷齐著)

☐ 印有"然而"这个词的海报或标识

目标

☐ 向同学们解释：大脑是会成长的，并且通过不同的经历形成神经元联结，比如学习新事物、努力理解、接受挑战、保持毅力、从错误中学习、尝试新策略以及付出努力。

☐ 同学们将理解并交流：我们越是努力尝试、不放弃(保持毅力)、保持恒心(动力)，我们学得越多。

☐ 老师和学生将展示：大家如何把"我不能"的陈述转变成"我还不能！"的陈述。

资源30 续

指令

1. 和同学们分享这个目标："今天我们将回顾有关大脑的知识，并探索如何将神经元联结变得更强大，从而让我们的大脑学习、成长。"

2. 展示一幅神经元的图片，让同学们分享他们记住了哪些知识。学生可能有以下回答：

- ▶ 神经元在你的大脑里无处不在。
- ▶ 它们是微小的脑细胞，通过发出信号来传递信息，告诉你的身体该做什么。
- ▶ 你的大脑里有数以亿计的神经元。
- ▶ 它们真的非常非常小。
- ▶ 它们通过联结其他的神经元来帮助你学习。
- ▶ 你的大脑通过联结神经元成长。

如果同学们没有提到以上这些点，跟他们分享信息。

3. 向同学们展示婴儿出生时神经元的图片，然后是一个7岁孩子的神经元图片。

4. 问同学们他们在图片中观察到什么。指出7岁孩子的大脑有更多的神经元联结，看起来密度更大——问为什么会这样。

5. 选择一本关于学习新事物的书或一篇文章，作为例子，这节课使用的是《开步走！——给各个年龄阶段宝宝的指南》(玛拉·弗雷齐著)。

6. 和同学们分享一段你学习新事物时的经历（比如，尝试一项新的烹饪技能，试着认识新的城市和国家，尝试一项新运动，学习滑冰，学习一门新的语言等等）。分享你的故事并强调你一路碰到的障碍与困境（比如：恐惧、失败、你需要寻找的支持、你用了什么新策略）。

7. 告诉学生你找到了一本让你想起自己经历的书（《开步走》）。问大家：你们记得必须做什么才能让神经元联结变得更强大吗?（寻找支持、犯错、毅力、构建我的耐力、训练、尝试新策略、建立更小的目标，等等。）听听这个故事并看看故事中的宝宝是如何反应的，当他学习新事物时，他需要做什么(准备粗细不同的线或绳子、两幅神经元插图，便于讨论书本时学生参考)。

8. 读完全书，问：婴儿学步的经历能够应用于学习任何事物吗? 再次读书，在以下地方停下来讨论并反思。

来自书中的引言	提出的问题
"你将需要支持。但要仔细思考，因为有时你觉得能支持你的东西，其实帮不了你。"	回忆一下某次你尝试新事物，而且意识到可能需要他人支持的经历。让我们分享一下诸如此类的经历。
"就现在。振作起来。站起来。"	你如何解读"振作起来"和"站起来"这两个短语? 除了学走路，这两个短语还可以应用在哪里?
"你的膝盖发软吗? 没关系。"	当你学习新事物，你有时会面对挑战或挫折对吧? 这与宝宝膝盖发软是如何联系在一起的? 为什么没关系?
"这可能需要一些时间，记得呼吸。"	"记得呼吸"是什么意思? 为何重要?
"哎哟，跌倒是很常见的。"	这句话是什么意思?
"你可以再试试，但首先，快速检查清单。"	宝宝的检查清单上有什么? 为何重要?
"目视你想去的地方。"	这与你正在学的新事物有何关联?（针对学生在你的课上正在学的知识，举一个具体的例子。）
"先走第一步。然后下一步，再下一步。变得容易了吧? "	为何变得更容易了? 这个宝宝学走路的故事是如何与毅力和心理韧性联系在一起的? 如果宝宝放弃学走路将会发生什么?

你可能也想更深入地讨论宝宝在故事中所做的一切让他在走路方面的神经元联结变得更强大。(寻找支持、犯错、毅力、构建自我的恒心、尝试新技巧、建立更小的目标，等等。)

9. 在表格、电子白板、纸条或写字板上写下："我不会_____。"告诉学生有一些事我们现阶段不是那么擅长，我们还没有让联结变得强大起来。把这个句子写完整，比如，"我不会游泳。"然后再回到这个句子，并添上"然而"这个词，于是句子就变成："我不会游泳，然而通过努力，我能够学会。"

10. 让同学们思考他们还不太擅长的事。让他们站或坐成一圈，告诉他们现在他们都是一个大脑里的神经元。每个学生轮流完成这个句子："我不会……然而……!"每个人说了这个句子之后，将线或绳子递给另外一个学生。告诉大家用一只手握着绳子的末端，用另外一只手卷线或绳团。

11. 每个人都轮过之后，让同学们举起他们的联结，如果大家坐在地板上，都起立。指出所有这些联结是"尚未变强大"的联结，当他们做了那个宝宝所做的一切之后——寻找支持、平衡、时间、勇气、韧性、策略、方法、训练和毅力——那么联结将变得更强大。

结束

1. 制作一张简单的海报，上面写上"然而"这个词。向同学们展示海报。让同学们知道我们都有暂时还不擅长的事，但如果坚持训练、有决心和毅力，终将实现自己的目标。

2. 你也可以给同学们一张空白卡片，让他们在上面写上"然而"这个词。大家可以将卡片用胶带粘在桌子的一角或贴在学习场所，作为提醒。

3. 或者，你可以用《芝麻街：加奈儿·梦耐演唱"然而"的力量》的视频来做小结，可以在以下网站找到：https://www.youtu.com/watch?v=XLeUvZvuvAs。

"资源31：从固定型思维到成长型思维的转变——观点和语言（学生用）"（第90—91页）提供了一些固定型思维的观点和语言，以及如何用成长型思维语言来代替它们。你可以通过若干方式使用这个资源：

• 每天展示一段话，和学生一起思考如何用成长型思维观点和语言替换原文。

• 使用这些内容写日记。让学生选择他们经常想到或说出的某个固定型思维表述（或者他们自己的一个表述），然后告诉学生："在你的日记里反思你何时会以固定型思维思考，然后建立目标：当你在未来处于类似情形时，以成长型思维应对。"

老师也能使用"资源32：从固定型思维到成长型思维的转变——学生的观点和语言"（第92页）空白表，右边一栏是空白的。示范任务之后，让学生在右边一栏填下自己的想法。然后他们可以分成小组，讨论他们能用什么语言做替换，允许他们改动和调整最初的答案。你可以通过评价他们的答案来给予反馈，但不要打分。（给评语但不打分本身就是成长型思维的做法！）

从固定型思维到成长型思维的转变——观点和语言
（学生用）

使用方法如下：

☐ 每天展示一段话，和学生一起思考如何用成长型思维观点和语言替换原文。

☐ 使用这些内容写日记。让学生选择他们经常想到或说出的某个固定型思维表述（或者他们自己的一个表述），然后告诉学生："在你的日记里反思你何时会以固定型思维思考，然后建立目标：当你在未来处于类似情形时，以成长型思维应对。"

固定型思维表述	用以替换的成长型思维表述
我永远都理解不了这个！	• 我需要改变解决这个问题的策略或方式。 • 我可以做什么（例如：询问老师，搜索网站等）来帮我理解？
这对我而言太简单了。	• 我自己能够做些什么让这件事变得更有挑战性？ • 尽管我认为这很简单，但我仍需要仔细思考，才能完全理解。
我不擅长这个。	• 我只是暂时没掌握，然而如果我坚持训练或者尝试不同的策略，我确信自己会得到提升。
她很聪明；我绝对不会像她一样聪明。	• 如果一直努力，我知道自己会更成功的。 • 她的神经元联结肯定很强大。我需要让自己的神经元也开始联结起来！

资源31续

固定型思维表述	用以替换的成长型思维表述
我真的擅长艺术。	• 我需要继续磨炼我在艺术方面的技巧，如此才会提升。
数学不是我的强项。	• 我需要花更多时间做数学题。 • 我的数学神经元还没有联结起来，因此我需要找一些可以帮上忙的方法。
呃！我一直弄错！	• 那是一次史诗级的失败！我可以从中学到什么，进而为下一次的尝试做好准备？
我擅长园艺。	• 学习种植花草、在园艺方面不断探索，这有助于我赢得成功。

从固定型思维到成长型思维的转变
——学生的观点和语言

姓名：_____ 日期：_____

固定型思维表述	用以替换的成长型思维表述
我永远都理解不了这个！	
这对我而言太简单了。	
我不擅长这个。	
她很聪明；我绝对不会像她一样聪明。	
我真的擅长艺术。	
数学不是我的强项。	
呃！我一直弄错！	
我擅长园艺。	

· 培养心理技能

你可以发展学生三项最重要的非认知性技能，即毅力、坚韧及心理韧性。从错误和失败中学习，是培养这三项技能的好方法。表格1的视频链接可以补充关于毅力、坚韧和心理韧性的讨论。

视频名称	链接	年级	时长
关于心理韧性的动画片	https://www.youtube.com/watch?v=ClUCl2ZHEqw	4-12	3分43秒
芝麻街：布鲁诺·马尔斯演唱的《不要放弃》（毅力）	https://www.youtube.com/watch?v=pWp6kkz-pnQ	幼儿园预备-3	1分57秒
强大而鼓舞人的真实故事……不要放弃！（心理韧性）	https://www.youtube.com/watch?v=kZIXWp6vFdE	2-12	3分14秒
毅力：关于尼克·胡哲的故事	https://www.youtube.com/watch?v=gNnVdlvodTQ	4-12	3分37秒

表格1 讨论毅力、坚韧和心理韧性的视频

·文学

文学可以最有效地保持有关成长型思维的讨论持续进行。阅读许多许多书籍后，我汇编了一个书单，包括绘本和拓展文本（广义的），以此来创造讨论思维方式的机会。"资源33：成长型思维绘本"（第95—106页）提供了一个相关的绘本的书单，"资源34：成长型思维拓展文本"（第107—113页）提供一个相关的拓展文本的清单，包括作者、推荐阅读的年级（尽管我特别喜欢在每个年级都使用绘本）、出版年份，以及人物或故事是否展示了固定型思维或成长型思维，还是两者皆有。我添加了两栏，其中一栏是"来自文本的例证"，让学生填写故事的哪些细节支持了哪种思维方式；另一栏是"与思维方式有关的提问"，针对每本书都可能提出许多问题——这里只提供部分引发讨论的问题范例。

成长型思维绘本

书或故事	作者	推荐年级	出版年份	人物	固定型思维，成长型思维，还是两者皆有	来自文本的例证	与思维方式有关的提问
《一点点活力》	巴尼·萨尔茨堡	PreK-5	2013	无	成长型	努力出奇迹。该书向读者展示付出一点点努力将会发生什么。	"努力"是指什么？为何作者认为书里的事物（比如种子）需要额外的努力？为何努力对成长型思维而言是重要的？
《前往美国：一个意大利大家庭和一把小矿子的故事》	丹·雅卡里诺	K-3	2014	迈克尔，丹，麦克，丹	成长型	家族的每一代人都努力工作并坚持照顾他们的家人。	这个家每一代人的共同点是什么？（是他们都努力工作吗？）你认为那把小矿子象征着什么？
《艾莉的篮球梦》	芭芭拉·巴贝尔	K-3	2013	艾莉	成长型	艾莉想学篮球，尽管男孩们告诉她这不是女孩子玩的游戏。她努力训练，下定决心打好篮球。	为何其他小孩都不鼓励艾莉打篮球？他们的思维方式是什么样的？
《几乎》	理查德·托里	PreK-3	2009	杰克	成长型	杰克"几乎"能做很多事。	在我们班上，我们喜欢说"然而"这个词，"几乎"这个词与"然而"一样吗？还有何区别？

资源 33 续

书或故事	作者	推荐年级	出版年份	人物	固定型思维、成长型思维，还是两者皆有	来自文本的例证	与思维方式有关的提问
《奇妙的格蕾丝》	玛丽·霍夫曼	PreK-3	1991	格蕾丝	成长型	格蕾丝决定扮演彼得潘，所以她整个周末都在练习。	书里的哪些人物展示了固定型思维？
《赤脚：逃离地下铁》	帕米拉·邓肯·爱德华兹	1-4	1998	赤脚	成长型	赤脚必须逃离男人的靴子的男人。他一直在路上，直到发现安全的避风港。	动物扮演了什么角色？赤脚想逃离的是什么？如果一个奴隶持有固定型思维模式，他能够逃脱吗？为什么？
《美丽的小失误》	巴尼·萨尔茨堡	PreK-3	2010	无	成长型	一张撕裂的纸，一片药丸，这些是用来庆祝新机会，并提供新机会的事物。	作者为何写这本书？读过这本书后，我们可以从错误中学到什么？我们可以通过什么方式将错误变成积极的事物？
《大暴雪》	约翰·罗克	K-3	2014	男孩	成长型	男孩将网球拍绑在脚下在雪中走向市场。	男孩为何说"这是一次危险的旅程"？书里有哪些词可以用来描述这个男孩？
《勇敢的艾琳》	威廉·史塔克	PreK-3	2011	艾琳	成长型	尽管刮风、下雪、拖着一个沉重的盒子、脚踝扭伤，而且夜色降临，艾琳仍然坚持着。	艾琳问自己："一个小小人儿能坚持这么久？"她说这句话是什么意思？

资源 33 续

书或故事	作者	推荐年级	出版年份	人物	固定型思维、成长型思维、还是两者皆有	来自文本的例证	与思维方式有关的提问
《给吉丽的蝴蝶》	卡斯琳·法尔维尔	K-3	2003	吉丽	成长型	吉丽坚持练习直至她学会折纸。	当吉丽学习折纸时，她使用了什么策略才不至于浪费漂亮的纸张？从这本书中举例说明吉丽具有固定型思维还是成长型思维？
《凯蒂与车轮》	弗兰·曼努斯金	PreK-2	2015	凯蒂	两者皆有	凯蒂说："当事情不易时，我很辛苦。"她还说："我不喜欢车轮。"但凯蒂坚持练习和尝试。	凯蒂得真正练习才能提升。你学某个技能时有没有一直努力练习？凯蒂何时体现出固定型思维？是什么让她转换成了成长型思维？
《神奇花园》	彼得·布朗	K-3	2009	利亚姆	成长型	利亚姆努力把一个老旧的高架轨道变成一个美丽的花园。	利亚姆为何要如此努力地改造花园？你认为作者为何选择"神奇花园"作为书名？利亚姆具有什么样的思维方式？用文本中的例子支持你的回答。
《亲爱的本杰明·班内科》	安德里亚·大威斯·品克尼	1-4	1994	本杰明	成长型	本杰明展现了职业道德。他变成一名宇航员，并出版了一份年鉴。他强烈反对奴隶制并与托马斯·杰斐逊分享他的想法。	故事的哪些部分展示了本杰明的成长型思维？

资源 33 续

书或故事	作者	推荐年级	出版年份	人物	固定型思维，成长型思维，还是两者皆有	来自文本的例证	与思维方式有关的提问
《点》	彼得·雷诺兹	PreK-3	2003	瓦实缇	固定型，然后成长型	瓦实缇说"我就是不会画画"（固定型语言）。多亏型思维的老师，她开始在自己的画作中展现成长。	老师为何让瓦实缇在她的画上签名？这如何改变了瓦实缇的思维方式？
《小猪猪，大梦想》	克里斯娜·亚马古奇	PreK-2	2011	波比	成长型	波比为了她滑冰的理想，付出时间和努力，然后她成功了。	波比梦想成为一名舞者、歌手以及模特。是什么妨碍她实现这些梦想（训练、努力）？为何波比最后学会了滑冰？
《人人都能学骑自行车》	克里斯·拉斯卡	PreK-3	2013	孩子	成长型	孩子尝试许多事物而目一直坚持。	当孩子学骑车时，她都尝试了什么？可以用什么词描述这个孩子？
《飞行学校》	丽塔·贾德奇	PreK-3	2014	企鹅	成长型	一只坚韧的企鹅决定学习如何飞翔。	为何企鹅想飞？为何他不放弃？这是什么思维方式？
《长颈鹿不会跳舞》	吉尔斯·安德烈	PreK-K	2001	杰拉德	两者皆有	杰拉德在尝试跳舞之前就放弃了，接着克里克特让他通过不同的方式接触舞蹈。	杰拉德为何对自己的跳舞能力放弃了？他之后如何改变了想法？

资源 33 续

书或故事	作者	推荐年级	出版年份	人物	固定型思维、成长型思维，还是两者皆有	来自文本的例证	与思维方式有关的提问
《零错误女孩》	马克·派特和盖瑞·罗宾斯	K-3	2011	碧儿崔琪	固定型，然后成长型	固定型思维：她不想犯错，而且由于害怕失败不敢冒险（滑冰）。成长型思维：她认识到把犯错看得更有趣。	为什么碧儿崔琪不想犯错？在才艺展示时犯了一个大错误让她学到了什么？为什么你认为她的兄弟卡尔沙换爱犯错？
《全速前进》	彼得·雷诺兹和保罗·雷诺兹	PreK-3	2014	拉斐尔和玛雅	成长型	玛雅为她的手推车做了所有可能的尝试。她从未想："我不能做这件事。"	为何玛雅选择做一些与众不同的事？你认为拉斐尔会配合她吗？
《格蕾丝竞选总统》	凯丽·S.狄普奇诺	1-3	2012	格蕾丝	成长型	格蕾丝竞选总统。她展示了自己的决心和坚持。	托马斯为何没有像格蕾丝那样去竞选？托马斯的思维方式是什么？
《我可以成就任何事》	杰里·斯皮内丽	PreK-1	2010	男孩	成长型	男孩相信自己长大后能够成就自己想要的样子。	为何男孩认为他可以成就任何事？他具有什么样的成长思维方式？他需要做什么来成就其中一件事（训练、坚持）？
《如果你想看鲸鱼》	朱莉·福朗亚诺	PreK-2	2013	男孩	成长型	当男孩等着看鲸鱼时，他展现了坚持和毅力。	你怎么看待男孩一直等着看鲸鱼这件事？有什么词可以描述他？

资源 33 续

书或故事	作者	推荐年级	出版年份	人物	固定型思维，成长型思维，还是两者皆有	来自文本的例证	与思维方式有关的提问
《乔伊想当建筑师》	安德里亚·贝蒂	PreK-3	2007	乔伊和瑞拉·格利尔	乔伊=成长型思维；瑞拉=固定型思维	乔伊想用各种材料搭建各种建筑，利拉不想在她的课堂上建造任何建筑物。她说："在二年级学建筑不合适。"	为何不是所有人都欣赏乔伊的思维方式？
《想象中的花园》	安德鲁·拉森	PreK-3	2009	提奥和波帕	成长型思维	波帕不能在他的新公寓种花，所以提奥和波帕决定创造一个想象中的花园。	为何波帕不说"我们不能在这里建花园"？描述提奥和波帕的思维方式。
《犯错误没关系》	托德·帕尔	PreK-K	2014	无	成长型思维	这个故事的所有人物都在提醒读者犯错没有关系，你可以改正错误，从错误中学习，或者每次都有新发现。	这本书所有人物的思维方式是什么样的？从书里举例；你从中学到了什么？你犯过的一个错误？
《数数绳子上的结》	小比尔·马丁和约翰·阿尔尚博	1-4	1987	男孩-蓝马的力量	成长型思维	男孩一生下来就失明，但通过毅力和乐观学会了许多事。	数数绳结象征着什么？爷爷说："黑山总在我们周围。它们没有起点也没有终点。"这句话是什么意思？爷爷和男孩以什么方式展现了他们的思维方式？

资源 33 续

书或故事	作者	推荐年级	出版年份	人物	固定型思维、成长型思维，还是两者皆有	来自文本的例证	与思维方式有关的提问
《小火车头做到了》	华提·派尔普	PreK-2	1930	小火车头	成长型	小火车头展示了毅力，一直说"我认为我能行"直到成功。	为何小火车头认为它能上山？为何小火车头不放弃？
《扑通一响》	卡罗尔·E.莱利	PreK-4	2015	丽萨和约翰尼	丽萨=成长型思维；约翰尼=固定型思维	约翰尼浮板用得很好，所以没有浮板就不想学游泳了。他害怕失败。丽萨努力克服困难，最终学会了游泳。	当丽萨觉得自己往下沉时，她做了什么？她从中学到了什么？
《了不起的杰作》	阿什莉·斯拜尔	PreK-3	2014	女孩	成长型	女孩坚持着，直到她建造了了不起的杰作。	那个小女孩为何不放弃？你将如何描述那个小女孩？
《怪男孩：阿尔伯特·爱因斯坦》	唐·布朗	PreK-3	2008	阿尔伯特	成长型	阿尔伯特练习小提琴，他自学代数，迎接挑战，而且被大学拒收之后依旧保持着毅力。	为何阿尔伯特的老师告诉他他将"一无所成"？阿尔伯特是如何从哪些方面展示成长型思维的？
《OK之书》	艾米·克劳斯·罗森塔尔	PreK-3	2007	OK	成长型	OK说他许多事情都"OK"。他尝试了许多事。	为了"长大后成为某个领域的专家"，OK需要做什么？（训练、心理韧性和毅力）

资源 33 续

书或故事	作者	推荐年级	出版年份	人物	固定型思维，成长型思维，还是两者皆有	来自文本的例证	与思维方式有关的提问
《大头鱼上学记》	德博拉·戴森	PreK-K	2014	大头鱼	固定，然后成长-大头鱼；成长-和韦特小姐	大头鱼认为他不聪明，他不会成功，而且他想离开学校；他的老师和韦特小姐混过关。他对韦特小姐说："通过训练，你能成功的。"	为什么当大头鱼没有成功时，列出了自己遇到的所有麻烦？他做出什么才能成功？和韦特小姐持有什么样的思维方式？
《普普想要一个宠物》	凯瑟琳·戴利	PreK-3	2011	普普	成长型	普普一直想要得到一个宠物。她试过大树枝、小树枝，一只旧鞋，她弟弟还有一个轮胎。	普普为何把东西当成宠物？用什么公司可以捕述普普，是坚持吗？
《罗茜想当发明家》	安德里亚·贝蒂	K-3	2013	罗茜和大姨奶奶	大姨奶奶-成长型	"你的第一次伟大的失败是非凡的成功。加油，让我们忙起来，并接着干下做。"	为什么孩子们每次失败都站起来呢？
《露比的愿望》	希林·伊姆·布瑞奇斯	PreK-3	2002	露比	成长型	露比非常努力地学习，她想上大学，但只有男孩才允许上大学。	为什么露比的祖父允许她上大学？祖父是员有什么样的思维方式？

资源 33 续

书或故事	作者	推荐年级	出版年份	人物	固定型思维、成长型思维，还是两者皆有	来自文本的例证	与思维方式有关的提问
《松鼠斯卡迪》	梅兰妮·瓦特	PreK-3	2008	斯卡迪	两者皆有	斯卡迪不想离开他的树；因为他害怕一些未知因素（固定型思维）。斯卡迪突然从树上掉了下来，他开始以不同的视角看待事物（成长型思维）。	发生了什么事使得斯卡迪的思维方式发生了改变？
《雪花人》	杰奎琳·布里格斯·马丁	K-4	2009	威利	成长型	日复一日，连续三个冬天，威利研究冰晶。他都尝试着画冰晶，多次用照相机尝试，体现了他的心理韧性。	什么词语可以用来描述威利？回到书本，指出展示他成长型思维的部分。
《有一天》	艾琳·斯皮内利	PreK-3	2007	小女孩	成长型	小女孩谈及她未来的目标，以及她现在正为实现目标做的准备。	小女孩为她未来想做了什么之事做了准备？未来某一天你想做的事情是什么？你现在可以为此做什么准备？
《站直了，莫莉·刘·梅陇》	帕蒂·罗威尔	PreK-3	2001	莫莉·刘·梅陇和祖母	成长型	多亏了祖母的建议，莫莉·刘·梅陇在任何情况下都做到最好。	为什么莫莉·刘·梅陇如此乐观？如果你遇到跟莫莉一样的情境，你的反应会是一样的吗？

资源 33 续

书或故事	作者	推荐年级	出版年份	人物	固定型思维，成长型思维，还是两者皆有	来自文本的例证	与思维方式有关的提问
《坡缝住了》	奥利弗·杰夫斯	PreK-2	2011	弗洛伊	成长型	弗洛伊尝试了他能想到的一切办法来解开披缝住的风筝。他一直坚持。	为什么弗洛伊没有放弃？
《谢谢您，法尔克先生》	帕翠西亚·珀拉克	K-3	1998	崔莎	固定型然后成长型	崔莎不会阅读。她找了一些办法让自己看起来像是会阅读，但她放弃了尝试。法尔克先生是她的老师。法尔克发现崔莎读字母和数字的方式和他人不同。崔莎坚持并训练，直到她能够阅读。	从书本上找例证，有哪些方式显露了崔莎的固定型思维？她最终必须做什么来学会阅读？
《谢谢你的反馈，让我想想》	莱莉亚·库克	K-3	2013	RJ	固定型然后成长型	RJ不知道如何接受反馈。当萨姆向他反馈踢足球的事时，RJ说："关于射门你知道什么？"	向同学们展示第20页的图片。问同学们以下问题：你在这张图中看到了什么？为何RJ的父亲告诉他反馈是好事？反馈如何帮助你成长？

资源 33 续

书或故事	作者	推荐年级	出版年份	人物	固定型思维、成长型思维，还是两者皆有	来自文本的例证	与思维方式有关的提问
《罐头森林》	海伦·瓦尔德	PreK-2	2003	老人	成长型	老人想把垃圾变成森林。他的想法越来越多，直到他了一个罐头森林。	老人希望拥有一个真实森林，你如果他没能把罐头森林，觉得乌会来吗？解释你的想法。
《乌龟和兔子》	杰瑞·品克尼（基于《伊索寓言》）	PreK-3	2013	乌龟和兔子	两者皆有	兔子非常确信自己天生的能力，所以他放松了。乌龟坚持着。	回到文本，描述乌龟和兔子的思维方式。
《开步走！——给各个年龄阶段宝宝的指南》	玛拉·弗雷齐	PreK-3	2006	宝宝	成长型	宝宝需要支持、平衡、时间、鼓励、心理韧性、策略、方法、练习和毅力。	学习走路与通过成长型思维学习有何共通之处？
《有了想法，你怎么做》	科比·雅玛达	PreK-3	2014	小男孩	固定型然后成长型	"实际上我想放弃自己的想法。"（固定型思维）"我喜欢和我的想法在一起。它让我感到更有活力，仿佛我能够做任何事。"（成长型思维）	为什么分享想法让男孩很担忧？当人们认为男孩的想法很愚蠢时，他的感受如何？一旦他意识到这只是他的怪头而已，他是如何转变的？

资源 33 续

书或故事	作者	推荐年级	出版年份	人物	固定型思维，成长型思维，还是两者皆有	来自文本的例证	与思维方式有关的提问
《当猪飞起来》	瓦莱丽·库尔曼	PreK-2	2003	拉尔夫	成长型	母牛拉尔夫决心买一辆母牛自行车，虽然母牛不骑自行车。	拉尔夫在哪些方面展现了成长型思维？
《谁说女子不能当医生？》	谭雅·李·斯通	K-3	2013	伊丽莎白·布莱克维尔	成长型	伊丽莎白拒绝接受人们认为女性不够聪明，不能成为医生的观念。她从不向"不"低头。	伊丽莎白的成长型思维是如何帮助更多女子成为医生的？
《不设限的威尔玛》	卡瑟琳·库鲁尔	1-4	2000	威尔玛·鲁多夫	成长型	威尔玛克服了健康问题，最终赢得了奥林匹克奖牌。	威尔玛通过什么方式度过她的困难时期？

资源 34

成长型思维拓展文本

书名故事	作者	推荐年级	出版年份	人物	固定型思维、成长型思维，还是两者皆有	来自文本的例证	与思维方式有关的提问
《漫漫求水路》	琳达·休·帕克	5-9	2011	萨尔瓦	两者皆有	萨尔瓦离开家人之后，经历穿越苏丹沙漠，遭遇鳄鱼、枪战和蚊子，这一个过程中一直坚持着。	当萨尔瓦在沙漠中想放弃时，他的叔叔给了他一个小目标，比如走到一块岩石或另一个地标那儿。他成功抵达一个目标后，又再给他下一个目标。如此设定目标与你自己的目标设定有何异同？如果萨尔瓦坚持有固定型思维，他的经历和旅程将会有何不同？
《维奥丽特·戴尔德之鲜花盛开的世界》	布兰达·伍兹	4-7	2015	维奥丽特、妈妈、碧碧	成长型	"我一再训练直到有一天我做到了。"（第27页）"我希望我能够成为一名医生，然后我努力使愿望成真"（第26页）"总有提升的空间。"（第30页）"我努力学习，一段学习经历都是最棒的经历。"（第93页）"努力肯定是我们家族的精神。"（第174页）	维奥丽特许愿。为了拥有成长型思维，一个愿望需要包含什么？

资源 34 续

书或故事	作者	推荐年级	出版年份	人物	固定型思维，成长型思维，还是两者皆有	来自文本的例证	与思维方式有关的提问
《嘘》	西奥多·泰勒	7-10	1969	提莫西和菲利普	提莫西=成长型；菲利普=两者皆有	当他们在木筏上时，提莫西展现了乐观主义。当菲利普学会如何在小岛工作时，他展现了成长型思维。	描述菲利普在木筏上时，和经历了提莫西去世后的思维方式。如果菲利普保持有固定型思维，这个故事会有何不同？
《链子》	劳瑞·哈尔斯·安德森	5-10	2008	伊莎贝尔	成长型	伊莎贝尔面对所有困难时，都展现了毅力。	用文本里的例子描述伊莎贝尔的思维方式。其他人物都展现了吗？为何伊莎贝尔有这样的心理韧性？
《查理和巧克力工厂》	罗尔德·达尔	3	1964	查理	成长型	查理一直买巧克力，从未放弃，并且保持乐观。	威利·旺卡有成长型思维、固定型思维还是两者皆有？从文本中举例子。
《数字7的魔力》	霍丽·哥德堡·斯隆	5-8	2014	柳儿	两者皆有	柳儿坚持做所有她感兴趣的事情。她也告诉杰罗："绝不要让任何人说你做不到。"（第94页）	当柳儿知道自己是有"天赋"的，她说："所有的标签可能都配咒。除了清洁用品上的商标。"（第18页）她这么说是什么意思？这与我们讨论的思维方式有何关联？

资源34 续

书或故事	作者	推荐年级	出版年份	人物	固定型思维、成长型思维，还是两者皆有	来自文本的例证	与思维方式有关的提问
《展翅：四姐妹和一个不可思议之旅的故事》	爱瑞恩·E·穆尔顿	3-5	2012	枫儿	成长型	这个故事是成长型思维会导致错误决定的例子。枫儿坚持寻找产的"奇迹"之水给她早产的妹妹，于是踏上寻水的危险之旅。	当她们踏上旅程时，枫儿和枫儿展示了成长型思维。她们做了正确的决定吗？关于成长型思维可能导致致险境，还有别的例子吗？
《巧手：本·卡森的故事》（少儿版）	格雷格和黛博拉·萧·路易斯	3	2009	本和本的妈妈	成长型	"那天本·卡森下定决心阅读，直到他成功班上最聪明的孩子——就像妈妈说他可以做到的"（第30页）。	如果本·卡森对自己的能力持有固定型思维，那么你认为会发生什么？
《晚安，汤姆先生》	米歇尔·马格瑞恩	6-10	1986	汤姆先生	成长型	汤姆先生相信威廉会变得更强大、学会阅读，并且在许多方面都得到成长。	当汤姆先生第一次见到威廉时，他是什么样的思维方式？你会把他描述成乐观主义者，还是悲观主义者？解释原因。
《洞穴》	露易丝·萨卡尔	4-6	2000	营地长官、"大人"先生和潘登斯基先生	固定型	他们认为男孩们将一事无成。	成年人在某些方面用成长型思维思考——他们想寻找宝藏，而且营地长官一年复一年地挖掘，直到发现宝藏。举例说明成人的固定型思维，有可能同时具备固定型思维和成长型思维吗？

资源 34 续

书或故事	作者	推荐年级	出版年份	人物	固定型思维，成长型思维，还是两者皆有	来自文本的例证	与思维方式有关的提问
《我的遭事：一个中学生的故事》	詹姆斯·帕特森	4~7	2013	詹米·格瑞姆	两者皆有	"詹米在长难一直练习着"（第146页）。"你努力学习，不言放弃"（第191页）。	你认为詹米的思维方式为什么大多数过吗？为什么会波动时间，他持有固定型思维还是成长型思维？
《梅·比》	卡洛琳·斯塔尔·罗丝	4~7	2012	马维斯"梅"	两者皆有	"我是马维斯·伊丽莎白·贝特利。我习惯努力工作。我能比奥布林格夫更好地管理家务。"即使我犯了错误。错误也没有关系。错也能定义我这个人。"	梅·比处于这样的位置，即她必须坚持才能存活。描述当她几乎放弃的一些时刻。她为何能够坚持下来？
《爱德华·图兰恩的奇迹之旅》	凯特·蒂卡米尔	2~5	2009	爱德华	两者皆有	在若干"主人"和困境中辗转坚持。	爱德华的思维方式为何发生改变？在爱德华的人生中，他的内心发生了什么改变？
《弗雷德里克·道格拉斯传》	弗雷德里克·道格拉斯	4~12	1995	弗雷德里克	成长型	"经过几年漫长乏味的努力，我终于学会了写字。"（第58页）	为何弗雷德里克决心学会阅读？阅读是如何帮助他的人生的？

资源 34 续

书或故事	作者	推荐年级	出版年份	人物	固定型思维，成长型思维，还是两者皆有	来自文本的例证	与思维方式有关的提问
《疯了》	莎伦·德拉佩	5-12	2010	美乐蒂	美乐蒂=成长型；老师/同学=固定型	整本书展示了关于美乐蒂展现坚韧性的许多例子。	美乐蒂面对和克服了哪些障碍？
《拉美裔美国英雄的肖像》	胡安·费利佩·埃雷拉	3-10	2014	所有人	成长型	所有这些"英雄"的奋斗过程和心理韧性，都体现了他们的成长型思维。	文本陈述了法拉格特"会继承母亲的勇气"（第13页）。勇气可以"继承"吗？文章中阿德里娜·奥特罗·沃伦斯"家里的智囊"（第17页）和学生讨论这句话对于思维方式的影响。一位老师告诉多洛雷斯·胡尔塔，做"你不够聪明，做不成这件事"（第49页）。讨论该老师的思维方式以及这句话潜在的影响。
《沙克尔顿航海记》	维多利亚·麦克科曼	7-12	2006	沙克尔顿	成长型	沙克尔顿面对每个困难时都展现了乐观精神，他一次次回到小岛救人，体现了坚韧。	如果沙克尔顿是个悲观主义者，那么这个故事会有不同？

资源 34 集

书或故事	作者	推荐年级	出版年份	人物	固定型思维、成长型思维，还是两者皆有	来自文本的例证	与思维方式有关的提问
《希洛》	菲利斯·雷诺兹·内勒	4-7	1991	马蒂	成长型	马蒂不会抛弃他的狗狗。（毅力）	马蒂如何展现他的坚韧？
《穿越喀布尔》	N. H. 森才	4-7	2011	法蒂	两者皆有	法蒂和他的嫁人寻找安利亚姆，以及在美国安置他们的新家的过程中，法蒂都展现了毅力。	法蒂从逃离阿富汗到"9·11"后遭遇霸凌，在这一系列的过程中，展现了怎样的思维方式。
《夏洛特·迪尔的真实自白》	艾维	5-8	2012	夏洛特	固定型到成长型	起先，夏洛特不能想象自己能干任何的体力活。她的决心和课力在第13章开始有所展现。	夏洛特的思维方式转变得非常快——从她困惑到下决心干体力活。这一变化发生的缘由是什么？在故事结尾当夏洛特回到船上时她的思维方式是什么样的？
《无法停止》	提姆·格林	4-7	2013	哈里森	两者皆有	哈里森住在一个可怕的领养家庭，但他展现了强大的心理韧性。后来他被安置在一个不错要的家庭，学习踢足球加入了球队，这些经历都体现了他的毅力。后来他用同样的心态与癌症作战。	当哈里森第一次踢足球时，关于他自己，他学到了什么？当哈里森由于癌症失去了一条腿，这时他的思维方式从文中举例。其他人身上失去腿的什么精神让他在失去腿的情况下重新站起来？

资源34（续）

书名故事	作者	推荐年级	出版年份	人物	固定型思维，成长型思维，还是两者皆有	来自文本的例证	与思维方式有关的提问
《青蛙之旅》	盖端·鲍尔森	7-10	2009	大卫	固定型/成长型	大卫展示了生存能力，并且没有故事。	这样的经历如何让大卫获得成长？
《红色羊齿草的故乡》	威尔森·罗尔斯	4-7	1961	比利	成长型	比利在赢线的两年期间展现了毅力。	比利的决心和付出努力的结果是什么？
《奇迹》	R. J. 帕拉西欧	4-7	2012	森莫	成长型	森莫与奥吉之间的关系体现了她对差异持开放的态度，并看到了每个人的优点。	你认为森莫是固定型思维还是成长型思维？从文中找例子和证据来支持你的回答。
《年轻男子与海》	罗德曼·费布瑞克	3-7	2004	斯基菲和他的妈妈	成长型	尽管斯基菲的妈妈已经过世，但他听到妈妈在耳边说"不言放弃"，他没有放弃。	斯基菲说："只要动手干，坏掉的东西总能被修好。我要实现梦想，不管遇到什么困难。"（第28页）关于斯基菲我们了解什么？为何斯基菲的妈妈过去常说"人类最大的优势就是大脑，所以要么使用它，要么丢弃它"？（第120页）

·教师的思维方式

在教育领域可能从来没有一个时期像现今这样更加需要成长型思维。教育领域的各个方面都经历着剧烈的变化，比如教育科技、混合式和个性化学习、STEAM教育（即集科学、技术、工程、艺术、数学多学科融合的教育）、向各州共同核心标准的转型、PRACC（为升学或就业准备的评价联盟）、Smarter Balance（智力平衡评估）等等，有时想保持成长型思维颇有挑战。这就是为何我们需要张开双臂、目的明确地接受这个挑战，并成为学生的榜样。我们不能一味地教授成长型思维，而自己却不实践。在实践过程中，我们会遇到思维的反复，比如和学生的谈话中流露出了固定型思维的习惯，或者强调分数而不是努力和成长。当这种情况发生时，我们要对自己有耐心，这需要时间。有时我注意到自己用固定型思维模式思考（比如"我无法在最后期限内完成这本书"）。当这种情况发生时，我在自己的头脑里做一个练习，将那个固定型思维的想法转换为成长型思维（如"如果我定下每周目标，写完相关章节，严格遵循时间，我一定会按时写完这本书的"）。越是不断调整自己的固定型思维，思维方式就会变得越好。多多练习，会助你一臂之力！

CHAPTER 7

第七章

天赋教育与成长型思维教学是否可以共存

　　天赋教育的趋势正发生转变。教育工作者和父母意识到天赋这一标签并不重要（事实上，这个标签可能强化固定型思维模式）。重要的是培养学生的成长型思维，满足他们的需求。2014年在马里兰州巴尔的摩举办的全美天才儿童协会年度会议上，一个专家小组分享了他们对未来天赋教育的想法。在我看来，其中有一位专家的发言非常不同凡响。来自哥伦比亚大学教育学院的教育学教授詹姆斯·博兰分享了如何判定天才儿童，他认为"我们现在不该问他们是否有天赋，而是应该问他们的需求是什么"。

　　《可见的学习与思维教学》出版之后，我喜欢上了一本书——《超越天赋教育：高阶学习项目设计与实施》。《超越天赋教育》让我们不要再给孩子们贴标签，而是花时间确定他们每个人的学习需求是什么。美国的传统教育架构并没有满足所有学生的需求，尤其是具有潜能的资优生。对于这些需要不同学习体验的学生，我们需要思考如何用创新的方式给他们提供更多可能性。不能让学校的课程安排、孩子的年龄、资优生分数线（这些都代表固定型思维）这些条条框框限制住一个学生发展的可能性。

在《超越天赋教育》中，作者分享了一个高阶学习模型。这一模型包括：辨认学生没被满足的学习需求、确保给他们提供服务、找到能在高阶学习中受益的孩子（无论他在哪个层次的班级或者被贴了什么标签）。"资源35：高阶学习机会指南：确定学生未被满足的高阶学习需求并进行教学计划"（第118—120页）的灵感源自《超越天赋教育》描述的高阶学习模型。我鼓励大家为你们所在的学校或学区量身定制这个指南。需要任课老师、学校管理者、"天赋班"老师（如果有的话），中学阶段也许还需要教研组的领导，一起设计该指南，为学生服务。

这个资源的目的在于讨论如何服务那些需求未被满足的学生。如果你们的学校没有提供相关服务、课程安排或教学经验来满足学生的需求，那么团队需要头脑风暴，想出到底可以给学生提供什么服务。比如，一个初中生可以到当地高中学习代数2的课程，或从四年级的各班挑3个学生组成学习小组，由各学科老师合作来满足他们的高阶学习需求。可以把社区大学的课程录成网课给高中生听，或让他们跟社区导师做一个独立研究项目。或者你的学区很大，天赋异禀的孩子分散在不同的学校里。我知道当孩子在学校里找不到在智力上能够匹配的学习伙伴时，很多父母会把他们从学校带回家教育，这就意味着学校流失了高潜能的学习者。所以学区为何不能成立一个高阶学习中心，将这些孩子聚集到一起共同学习呢？

威斯康星大学白水分校教育基金会的副教授斯科特·J. 彼得斯博士

是《超越天赋教育》的作者之一。彼得斯博士也为《创意邮报》写了一篇文章："聪明与天赋的对比：孰轻孰重并非重点"（该文章发表于2014年7月10日）。为学校管理者或教师举办的职业发展研讨会中，可以使用这篇文章作为反思及讨论的材料。"资源36：职业发展资源：聪明与天赋的对比"（第121—125页）是彼得斯博士修订更新过的文章选段。

彼得斯的文章也谈及成长型思维环境的重要组成部分之一（如第一章提到的）：享有高阶学习机会，孩子究竟属于"聪明"的范畴还是"有天赋"的范畴其实不重要，如果他有能力、潜能或动机来接受挑战，那么任何孩子都应该有接受挑战的机会。让教职人员读这样的文章非常有助于深挖人们的信念体系，并真实地反思自己的思维方式。

高阶学习机会指南：
确定学生未被满足的高阶学习需求并进行教学计划

学生：_____　　　　日期：_____

分数/科目：_____

所参与的学习

　　没有被充分挑战的学生，会因为缺少动力或认为课业没有价值，而对学习有所松懈。在下表中圈出学生的参与度。

1	2	3	4	5
参与度低		参与度一般		高度参与
对学业不感兴趣 没能从任务中看到价值		能完成任务，但从中 没看到多少价值		看到任务的价值

存在未被满足的需求的表现

　　从学生需求的角度，考虑学生目前的水平，回顾课标及高阶课程，结合学生已经参与的差异化教学，讨论以下数据：

预评估数据：_____

形成性评估数据：_____

总结性评估数据回顾：_____

轶事数据：_____

其他数据：_____

资源 35 续

父母的观点

_____

_____

_____

_____

对非认知因素的观察（毅力/心理韧性/驱动力）

_____

_____

_____

_____

哪些教学方法可以解决该学生未满足的需求

可能性：

☐　接触高阶学习（教师根据需求给予支持）

☐　在普通班教授高于该年级水平的内容

☐　在普通班普通水平基础上，进行加餐，提供批判性思考的机会

☐　参加资优班课程

☐　组建跨班级学习小组

☐　组建跨年级学习小组来满足优势科目的需求

☐　通过使用高科技手段，给学生提供统一或个性化学习的机会

☐　小学生进修初中课程

☐　初中生进修高中课程

☐　高中生学习大学的网课或去当地大学进修高阶课程

资源35续

其他可以提供的服务或项目

_____

_____

_____

_____

应该通过什么样的职业培训来支持老师去满足学生的需求?

_____

_____

_____

_____

资源 36

职业发展资源：聪明与天赋的对比

当你阅读下面这篇文章时，如果遇到让你停下来思考的地方、你同意或反对的观点，或者让你茅塞顿开的语句，请用下划线画出，我们读完文章后再进行讨论。

聪明与天赋的对比：孰轻孰重并非重点

斯科特·J.彼得斯博士

天赋教育领域的工作者可能都遇到过"聪明与天赋的对比"或"聪明的孩子与有天赋的学习者对比"这样的话题。这个比照第一次出现，应该是在珍妮丝·邵博于1989年在《挑战杂志》发表的一篇文章中，但也可能在此之前就以其他的形式出现过。你可以在本文后面找到一些链接——那篇文章并不难找，而且好像是与天赋教育有关的最常见的文章之一。那篇文章出现在学区的天赋教育官方规划里，而且还被挂到教育部的网站上。该文的大意就是对教师而言，如果能区分学生"只是聪明"，还是具备"真正的天赋"，那么对教学是大有帮助的。换言之，两个在成绩、能力和创造力等方面水平相当的孩子，如果一个具备"真正的天赋"，而另外一个"只是聪明"，他们仍然应该被区别对待。

在天赋教育领域面临的许多挑战中，区分一个孩子聪明还是具备天赋真的是最具代表性的挑战。让我们想象一下，两个相同的孩子走进你的课堂（你扮演老师的角色）。两个孩子都对话题非常感兴趣，而且都掌握了接下来几周的教学内容。两个孩子都问了高质量的、探索性的问题，并且联系了其他话题。两个孩子都更喜欢跟他们在同一学术水平的同学一起学习，而且能够在某种程度上独立完成任务。你现在有两种选择。

选择1：你根据孩子们的强项，给他们两个都提供一个更有挑战性的学习课程，经常检查他们的学习进度，确保两人都处在攻关的状态，都保持高参与度。

选择 2：你回家花一些时间决定两个孩子哪个具备天赋、哪个只是聪明。

现在至关重要的问题是：一开始就判断学生是否具备天赋，与直接提供更有挑战性的学习材料，这两者的收获分别是什么？如果学生对学校和老师的需求都是一样的，那么"聪明与天赋"的区分对教育还有帮助吗？

"聪明与天赋的对比"这一形式，在天赋教育领域与相关人群沟通似乎是一个更容易的方式，但也占用了那些已经很忙碌的教育工作者的时间，他们本该去关注如何发现学生未被满足的学习需求并对此提供服务。第二个问题是，"天赋"学习者身上的许多特征大多数是在主流文化群体的学生中观察到的（皮特森，1999）。第三个问题是，辨认出一些学生是聪明的，而另外一些学生具备天赋，并认为这就是他们的个性特征（而不是暂时的状态），这进一步强化了能力即自我的错误理念（德韦克，2007；里奇，2013）。

聪明还是天赋？谁在乎呢？不管是哪一种，学校必须确保两类学生都接受适当的挑战。在过去的几年，我越来越担忧许多天赋教育项目和专业学习似乎没有将"聪明的孩子"列入项目范围。我见过有些学生的学习水平达到七八年级，高于他们的同学，但由于他们的IQ没有高于130或者因为他们似乎被归入上述的"聪明"类别，而不是"天赋"类别，所以没能进入天赋项目。这些学生在学校学习的时候很少面临挑战，加上没被认为具备天赋，所以被天赋教育体系忽略了。

对于这个议题，许多人可能会这样回应——天赋学生有独特的社会和情感需求——这些需求显然对"聪明"的学生而言不存在。吉姆·德莱尔称，知道一个孩子具备天赋，并给他贴上天赋的标签，就能确保孩子享有服务。这个评述完全错误（比如，威斯康星州法律规定K-12体系对孩子进行天赋认证并提供天赋教育服务，然而很少有学校这么做），除此之外，我们为何不能从第一步开始——了解到孩子没有接受挑战，然后直接到第三步——调整服务范围、引导这些学生接受适当的挑战？第二步——判断孩子是否类属"有天赋"范畴，或区分他究竟是聪明还是有天赋，又能获得什么呢？见下图，来自彼得斯、麦克比和马科区（2014）。我们何必经过第二步呢？

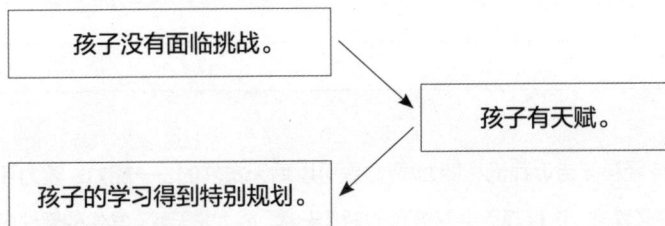

孩子没有面临挑战。

孩子有天赋。

孩子的学习得到特别规划。

我要澄清，我确实相信天赋的存在。

换言之，我相信有些人体验世界的方式与众不同。在一定量的外部刺激下，这些人获得的启发远高于人群平均值。我的顾虑是，在K-12天赋教育体系中只关注这个群体，天赋教育会偏离其目的（及公共教育的目的）。有些（并非所有的）"天赋"儿童在学校的学习中没能受到挑战；同样，一些没受到挑战的孩子则是具备天赋的。但这两个群体从本质上讲是不一样的。为何不能专注于寻找那些没受到挑战的学生，然后制定目标确保他们接受挑战，而不是花诸多时间判断孩子是否具备天赋？

资源 36 续

聪明与天赋的对比相关链接：

http://www.bownet.org/besgifted/brightvs.htm

http://www.ode.state.or.us/teachlearn/specialty/tag/r5brightchild.pdf

小组或大组讨论的引导性问题

1. 你在文章哪些地方画了下划线？为何这些句子对你有影响？

_____

_____

2. 文章提出这个问题：区分聪明和天赋真的对教育有帮助吗？

_____

_____

3. 神经科学告诉我们，能力/智力是可以后天发展的——能力、智力和天赋并非静态。这种观点会影响我们对"天赋"或"非天赋"学生的看法吗？

_____

_____

4. 花时间去辨别一个学生只是聪明还是符合当地校区设定的"天赋和才能"标准，而不是花时间去制定教学计划以满足他学术上的需求，这么做有何好处？

_____

_____

资源36续

5. 在你的学校或学区，"天赋和才能"的标签是享有高阶学习机会的唯一通行证吗？所有学生都能够公平享有高阶学习的机会，还是仅把机会留给那些有天赋的学生？有些学生聪明却不符合"天赋"标准，他们因此没受到挑战，这种情况怎么办？

_____

_____

6. 成长型思维的观念对本文观点有何影响？

_____

_____

CHAPTER **8**

第八章

如何与家长分享成长型思维模式

自从《可见的学习与思维教学》出版之后，读者向我咨询最多的相关资源就在这一章了。《可见的学习与思维教学》给读者提供了通讯的样本（这些资源在这一章节的后面），但教育工作者的需求更多。他们想让父母与学区和学校教职员工使用同样的语言、步调一致。教育工作者想让父母理解错误和失败是学习过程的一部分，孩子学得吃力也不是一件坏事。学校举办了各种各样的活动增加父母的参与感：读书会、成长型思维游戏之夜、校长咖啡时光以及为父母举办的专业学习工作坊。如果条件允许，应该让父母一起参与成长型思维校园的规划和建设。邀请一些父母代表加入学校或学区的"成长型思维委员会"，一起制订计划，邀请他们参加领导层的会议。让父母参与策划，并鼓励他们发表观点，不仅能帮助父母更深入地理解成长型思维，而且能让他们以主人翁的姿态参与到这个过程中来，进而为一个共同目标与校方形成伙伴关系。这些家长代表将在汽车站、运动场、教堂及邻居聚会中向其他父母宣传成长型思维的理念。

这一章提供的一些资源将帮助教育工作者与家长群体交流。要让大部分家长都能参与家长会或工作坊。策划一个"成长型思维家长之夜"，尽可能让家长参加。考虑提供免费的幼儿托管服务（需要做社区服务的高中生可以把这件事做得很好），而且提供比萨、甜点或咖啡。营造一个温馨友好的环境，这样将吸引很多父母或监护人。

· 一步步介绍成长型思维

举办"成长型思维家长之夜"之后，或在家长会前简单介绍固定型思维模式和成长型思维模式后，可以使用"资源37：创造成长型思维家庭环境的思路"（第129—132页）。这个资源可以细分为七个部分，每部分关注一个不同的目标，帮助父母营造成长型思维家庭环境。学校应该把材料分批发给家长，这样家长每次做一点改变，达到积少成多的目的。如果一次性给了太多的信息，家长很可能不会把材料全部读完。（我要承认，孩子带回家的材料，我总是快速浏览，我为此感到非常愧疚。）

把大资源细分成几个小步骤，也会提升家庭参与度，因为可行性增加了，大家不会觉得不堪重负。这种方法尤其适用于"固定型"思维的家庭。学校可以每周、每隔几周或每个月把这些步骤发给家长（纸版或电子版皆可）。创建一个网上空间（博客或脸书群）也很有趣，家长接纳成长型思维理念的过程中，可以在这个空间里分享他们的想法、困难及问题。学校和学区也可以分享与社区相关的更具体的想法，比如为了培养孩子的毅力，可以在社区立一个攀岩墙，或开设一个图书馆阅读项目。

资源 37

创造成长型思维家庭环境的思路

第一部分：父母自己构建成长型思维方式

☐ 如果我们自己都没有成长型思维，就不能期待自己的孩子拥有这样的思维。找出你自身的固定型思维，然后让自己向成长型思维转变。边说边做，这样你的孩子可以听到你如何改变自己的思维方式。比如，你可能会说："我不知道这个文件怎么填。"然后迅速地改成："我想我得上网搜搜或给银行打电话咨询，之后就能够准确地填写了。"

☐ 注意自己常用的固定型思维话语体系，类似"我是一个可怕的厨师""我数学从来都学不好"，或"我希望我能够像你那样弹钢琴"（通过训练和毅力，你可以的！）。

☐ 无论是好事还是坏事，别事事怪基因。

☐ 不要把你的孩子跟他们的兄弟姐妹或其他小孩比较。

☐ 我们想让自己的孩子享受学习的过程，而不仅仅是为了成功。家长亲力亲为地把这个概念演示给孩子。比如，试着做一次有挑战性的烘焙，得到一个不太令人满意的结果，这时你可以说"做这些曲奇我真的学了很多"，而不是"呃，多浪费时间。太失败了，我再也不会试那个食谱了"。

资源 37 续

第二部分：使用成长型思维式的表扬和反馈

☐ 表扬你的孩子的行为，而不是他本身。不要说"你真聪明"，而是说"我看到你真的努力学习"。当你看到自己的孩子面临挑战或比较吃力时，表扬孩子的毅力和心理韧性。不要表扬分数。主要表扬孩子的付出，而不是结果。

☐ 将"然而"这个词纳入你的话语体系。如果你的孩子宣称他有理解不了的知识、不会运球，或不会用吉他弹奏某首歌曲，提醒他尽管现在还不能，"然而"通过努力会成功的。

☐ 避免将你的孩子的成功与兄弟姐妹和朋友们比较——成就不是比赛。每个人都可以成功。

第三部分：引导孩子转变固定型思维模式

☐ 引导孩子转变固定型思维话语体系。如果你听到孩子说"我不擅长数学"或"我理解不了莎士比亚"，向孩子指出这是固定型思维模式，并引导她转变为成长型思维。提醒她可能现在还不能理解，然而通过提问、找新策略、建立小目标、努力学习，她最终能够理解。关于如何引导孩子改变话语体系，以下有两个例子。

如果你的孩子说	那么你可以说
"我数学不好。"	"你可能暂时还不能理解这个内容，那么让我们多加练习吧。"
"我不用学习；我数学考试都考很好。"	"学习可以让大脑为进一步的成长做好准备。也许你应该告诉老师这些测试对你而言不需要太多的练习，你愿意迎接更多的挑战。"

第四部分：付出努力

☐ 帮助你的孩子对错误与失败产生好奇心。提醒你的孩子失败在成功路上的重要性。给孩子做示范！

☐ 让你的孩子看迈克尔·乔丹谈及失败的广告（https://www.youtube.com/watch?v=45mMio5szc上可以看，只有30秒长）。跟你的孩子聊聊视频的最后一句话是什么意思。

☐ 提供一些也许你的孩子需要下功夫完成的智力测验或游戏。一起做测验或游戏，并讨论为什么需要下功夫恰恰证明了你正在学习，并在培养心理韧性。

☐ 心理韧性——从错误和失败中卷土重来的能力，给孩子做示范，鼓励他们培养自己的心理韧性。

第五部分：灵活性和乐观主义

☐ 塑造灵活性。变化是生活中重要的一部分。当事情没有如期进展，用兵来将挡的思维去应对变化，把这一点示范给孩子看。不被令人沮丧的境况击败——让孩子们知道你随机应变的能力。当计划改变了，或孩子没能如预期那样取得成功，还是要表扬他们的灵活性和适应性。

☐ 塑造乐观主义。在家奉行"一个杯子半杯满"思想（即乐观主义者看到半杯满，悲观主义者看到半杯空）。一个带着"希望"的人相信大多数境况都会有积极的一面。

☐ 和孩子们玩一个游戏：每次发生一些大家觉得"不好"的事情时，试着在这样的情境中找出好的一面。这个游戏可能有点傻，但能够获取积极的信息。比如，不小心打碎了一个杯子，可以这样说："现在我们的架子上有更多的空间啦。"

第六部分：学习和大脑

☐ 谈论神经网络。问你的孩子在学校都学了哪些关于大脑的知识。

☐ 每当听到孩子说"我放弃了"或"我就是做不到"，提醒你的孩子去想象自己每次学习新知识时大脑神经元产生联结的情景。鼓励你的孩子努力学习并练习新的技能和知识，如此他能够在大脑中发展强大的神经网络。

☐ 跟你的孩子分享你还没有掌握的一些东西，以及你计划通过练习在大脑中构建更强大的神经网络。

第七部分：发展重要的社会心理技能

☐ 一个孩子天生的能力只促成25%的成就，另外的75%与社会心理技能密切相关，需要用心发展这些技能。

我们能帮助孩子发展的重要技能包括：

  ▸ 毅力

  ▸ 自信

  ▸ 心理韧性

  ▸ 应对失望和失败的技能，以及处理建设性意见的能力

☐ 和年纪较小的学生一起读书，所选的书中有具备上述技能的人物。和孩子讨论这些人物。

☐ 和孩子看电视或电影时，谈论某个人物的强项，或者某个人物缺乏毅力或心理韧性。问孩子如果这个人拥有或缺失某项技能的话，故事走向会不会不一样。

☐ 在家里说出这些社会心理技能的词语，并把它们用在句子里。比如，你可以说，"为了让我更好地完成工作，领导给了我一些建设性意见。我很感激，因为她让我尝试新的事物。"或"我刚才看到你（爬那棵树/玩那个电子游戏/研究新手机，等等），你真的展示了决心和毅力！"

·创建一个成长型思维家长网页

你的学校或学区也可以创建一个成长型思维家长网页。这样可以随时更新资源。"资源38：家长网页示例截屏"（第134页）是对家长及监护人有用的网页创建范例。学校和学区也可以通过访问http://www.prufrock.com/assets/clientpages/mindset_webpage.aspx使用这个网站。

如果对创建网页不感兴趣呢？那么你也许能够在学校或教师公告栏中使用"资源39：关于成长型思维的链接"（第135—136页）提供的信息。

·学生与家长分享了吗

另外一个与家长沟通的好资源是学生。随着学生对大脑的可塑性以及成长型思维的了解加深，让他们和父母分享相关信息，也许可以从下面这封信开始：

嗨，妈妈、爸爸：

我们在学校学了成长型思维。你们知道吗？我们的大脑就像肌肉一样，我们越锻炼它们，就会越聪明。我想跟你们聊聊我所学的关于成长型思维的一些内容。

爱你们的，

儿子或女儿

家长网页示例截屏

Home Blog Contact Us My Account Login Shopping Cart

Prufrock Press

Gifted Education • Advanced Learning
Twice-Exceptional Learners • Special Needs Students

Prufrock Search

Search

Browse Catalog

NEW FOR SPRING 2015

Best Sellers

Advanced Curriculum

College Planning

Common Core Standards

Creative Kids Magazine

Differentiation Resources

Gifted Child Education

Language Arts

Leadership and Social Skills

Math

Philosophy

Parenting Gifted Children

Science

Social Studies

Special Needs

Teaching and Planning Ideas

Technology

Thinking Skills

All Titles

Sample Parent Webpage

Building a Growth Mindset Culture at Home

Our school/district is committed to developing a growth mindset school environment—a place where all students believe that with effort and perseverance, they can succeed. Dr. Carol Dweck, a researcher at Stanford University, has identified two belief systems about intelligence.

More About Fixed and Growth Mindset

A *fixed* mindset is one where we believe that our children's innate abilities, talents, and intelligence are fixed. They are either "good" or talented at something or they are not. They can certainly learn new things, but this particular skill or subject is not really their "thing."

How many of you have ever thought to yourself (or said out loud), "My daughter probably isn't very good in math because I was not very good in math." Or, "I was not good in high school English, so I guess my son takes after me." These are examples of fixed mindset thinking. Even a perceived positive statement like, "He has a God-given talent in ____" or "He is a born leader" demonstrates fixed mindset thinking.

As a parent, you may have fixed mindset thinking about your own abilities; you may think, " I can't cook," "I can't dance; I have two left feet," "I leave that to my wife/husband, I can't figure it out."

A *growth* mindset is the belief that intelligence, skills, and talent are malleable, and they can change with effort, perseverance, and practice. Neuroscience explains this as neuroplasticity. We can all get "smarter."

This 4-minute video, Fostering Growth Mindsets is part of a discussion series created by the Greater Good Science center between Christine Carter (sociologist, mom, and "happiness expert") and Kelly Corrigan (author and mom) about how moving toward a growth-oriented mindset can give your children the drive to succeed.

So, we never want to say things like this to our children:

- Some people are just not science (or fill in the subject of choice) people.
- Writing (or art, math, etc.) comes naturally for you.
- Look at that, you did that without even trying.
- You have a God-given talent.

These are all fixed mindset statements. We need to focus feedback on what a child did, not who he or she is. We never, ever want to say things like, "You are so smart!" Click on the links below to find out why:

- How to Praise Children
- Carol Dweck: A Study on Praise and Mindsets

One of the most frequently used words in your vocabulary should be the word yet, such as, " You are not quite getting it yet, but with practice, you will." A couple of links to help you use this word more often are:

- Carol Dweck: The Power of Yet
- Sesame Street: Janelle Monae: Power of Yet

Learning From Failure

From the moment our children are born, we want to protect them. Our instincts are to catch them before they fall. It is not easy seeing our children not have success in whatever goal they are working toward—from learning to walk to getting into their first choice of college. But in order to raise resilient, confident, optimistic children, we must learn to be comfortable when they make mistakes and/or fail. When children are given opportunities to struggle, it builds resiliency. Without struggle it is difficult to develop coping skills, grit, and resiliency. As parents, we must model this as well; let your kids see you being persistent and overcoming challenges—not quitting because something is "too hard."

http://www.prufrock.com/assets/clientpages/mindset_webpage.aspx

关于成长型思维的链接

以下链接可以放在学校、校区或教室公告栏。

迈向成长型思维

以下链接将有助于你迈向成长型思维：

☐ 《培养成长型思维》（https://www.youtube.com/watch?v=vsP43BqinQY）：
这个四分钟的视频是至善科学中心制作的，视频的内容是克里斯汀·卡特（社会学家、母亲和幸福专家）和凯丽·科里根（作家和母亲）二人座谈的一部分，她们在视频中讨论了如何迈向成长型思维。

成长型思维模式中的表扬

以下链接主要关于在成长型思维模式中如何表扬孩子：

☐ 如何表扬孩子们（https://www.youtube.com/watch?v=4vUAxlLi0Zo）：这是至善科学中心制作的克里斯汀·卡特和凯丽·科里根二人座谈的另一部分，主要讲了如何表扬孩子们，让他们感到舒服并努力变得更好。

☐ 卡罗尔·德韦克——关于表扬和思维方式的研究（https://www.youtube.com/watch?v=NWv1VdDeoRY）：这个视频很好地总结了卡罗尔·德韦克关于表扬对孩子们影响的研究。特雷弗·拉根（冠军篮球学校CEO、联合创始人之一）展示的数据凸显了表扬智力和表扬努力之间的差异。

"然而"的重要性

以下链接是关于"然而"这个词的重要性：

- ☐ 《卡罗尔·德韦克谈论"然而"的力量》（https://www.youtube.com/watch?v=ZyAde4nllm8）：这个视频包含对"然而"这个词的重要性的总结，时长约1分钟。

- ☐ 《芝麻街：加奈儿·梦耐演唱"然而"的力量》（https://www.youtube.com/watch?v=XLeUvZvuvAs）：这个视频通过R&B歌手加奈儿·梦耐唱的一首歌，让孩子和芝麻街的朋友们学习"然而"的力量。

从失败中学习

读更多关于从失败中学习的材料，参考这些链接：

- ☐ 错误的重要性：帮助孩子从失败中学习（http://www.brighthorizons.com/family-resources/e-family-news/2013-the-importance-of-mistakes-helping-children-learn-from-failure/）：这篇文章给父母提供鼓励孩子们冒险并帮助他们从错误中学习的思路。

- ☐ 让孩子们从失败中学习（http://www.thenownews.com/community/allow-your-children-to-learn-from-failure-1.1386910）：育儿专栏撰稿人凯西·琳恩在这个视频中解释了为何对我们的孩子们而言失败不是一个糟糕的经历。

- ☐ 孩子们如何从失败中学习（http://www.enannysource.com/blog/index.php/2014/01/22/how-children-learn-from-failure/）：这篇文章是为家长和看护人写的，文章给大家提供了孩子面对失败时可以使用的一系列策略。

也可以给学生布置一个开放性的作业，让他们想出一种方式分享自己了解的成长型思维——向学生强调创造性地完成这项作业，而不仅仅是围着餐桌讨论一下或开车参加训练时简短地聊两句。一些小学和中学举办过"成长型思维家庭游戏之夜"。父母和学生受邀参加晚会，晚会一开始就介绍关于思维方式的信息以及成长型思维的重要性。然后，父母和孩子一起玩一些推理游戏。（许多来自新想法（Thinkfun）公司的游戏我都喜欢，比如猜形状、巧克力混搭、砌砖块以及高峰期。还有更多其他游戏，可以在http://www.thinkfun.com找到。）

之前学生就玩过这些游戏，现在教他们的父母如何玩。这对学生而言很有趣，但随着游戏难度的增加，许多家长玩起来就有些吃力。参加游戏之夜的老师作为组织者，可以告诉父母，付出努力会让大脑产生神经元联结，所以玩得越多，这些联结会变得越强大。老师鼓励家长坚持不放弃，这时可以向父母示范对孩子说的成长型思维语言。学校后续与家长通讯时，可以包含与成长型思维相关的内容，诸如"资源40：父母通讯"（第138—139页）。

资源40

父母通讯

第一期通讯

父母能够真正帮助孩子的一种方式是表扬孩子时注意措辞。父母的言行举止都在向自己的孩子传递信息，这些话语和行动告诉孩子们如何看待自己。父母应该表扬孩子们付出的努力而不是考试成绩。下面列举了一些例子。

不要说	而是说
你运动细胞真发达！ 你真聪明！	你在运动场上，真的很努力、很专心。你在学校里的努力付出，现在得到回报了！
你的画很棒；你是我的小艺术家。	我看到你一直在练画；进步多么大呀！
你是个很棒的运动员。你能成为下一个贝利！	坚持练习，你将看到很棒的结果！
你总是获得好成绩；这令我开心。	你付出的努力在成绩上体现出来了。你应该感到自豪。我们为你骄傲！

因此，当你准备表扬自己的孩子时，先停下来想想如何利用这个机会表扬他付出的努力而不是获得的成就。

资源40续

第二期通讯

关于如何表扬自己的孩子，上一期通讯给了父母建议。有些研究建议父母在打算表扬孩子"聪明"或"有才能"的时候，三思而后行，因为这可能形成固定型思维。相反，如果我们鼓励孩子付出努力并让他认识到自己的坚持和勤奋，那么我们将能培养他的成长型思维。具有成长型思维的孩子相信通过努力和毅力，自己能学到知识，取得好成绩。当事情不能如愿时，成长型思维能让他们坚持奋斗，自我振作。父母也应该审视自己的观念。你拥有成长型思维吗？你相信通过努力、坚持和驱动力，你的孩子们能够达成他们的目标吗？

教育领域的研究者卡罗尔·德韦克博士称：

父母不应该让孩子远离挑战、错误和挣扎。相反，父母应该教孩子们热爱挑战。他们可以说类似这样的话："这个不容易，但很有趣！"或者"这个太简单了，没意思"。他们应该教孩子们拥抱错误，可以这样说："噢，这是个有趣的错误。我们下一步应该怎么做呢？"并且他们应该教孩子们热爱迎难而上："你面对困难没有退缩，你一直坚持并取得了很大的进步。"或者"这将需要付出很多努力——孩子，这有趣极了"。

一些父母需要努力让自己也拥有成长型思维。这需要时间和练习，但当你看到你的努力在孩子身上起的作用，这一切都值了。

·将成长型思维放在显著位置

当父母走进学校教学楼，他们能够看出这是一个庆祝成长的地方吗？当你走进马里兰弗雷德里克郡肯普敦小学，迎接你的是一个赞扬进步的公告栏。克里斯滕·坎宁校长致力于在她的教学楼里赞扬成长和进步。你可以看到她的公告栏照片。老师们可以在教室里或公共空间创造自己的公告栏。

坎宁校长告诉父母：

> 我们将在学校前厅的成长型思维公告栏中赞扬学生的进步，表扬那些在实现目标的过程中取得显著成绩的学生。认可学生的努力很重要，表扬学生的进步也很重要——这都是激励人们坚持学习的动机。

学校和家庭的合作是必要的，这样可以帮助学生塑造成长型思维。可以根据学校、老师或学区的具体需求，对资源进行调整。这样的公告要保持一整年，这样父母才会意识到赞扬进步是学校的常态，而不是我们一时的心血来潮。

CHAPTER 9

第九章

如何建设成长型思维模式的学校文化

成长型思维环境的监测和保持与它的建设一样重要。学校和学区如果有兴趣评估学生和教育工作者的思维方式的成长，在组织思维方式工作坊之前，应该使用一些方法来确认大家的起点，之后进一步跟踪成长进度。这可以通过观察、轶事记录及问卷调查三者结合完成。

· 学生的思维方式

根据我的经验，对于成人及学生而言，电子问卷调查是有用的。我合作的几所学校，在过去的几年对他们所有学生——除了幼儿园和一年级学生——进行了电子问卷调查。调查表上的三个表述（见资源41，第143页）是以卡罗尔·德韦克专著中的问题为原本，经过调整后确定的（http://www.mindsetworks.com）。第一个表述"每个人都能学习新事物"，我们希望大部分学生都赞成；第二个表述"一些小孩天生比其他小孩聪明"，学生的回应各不相同，赞成的学生有固定型思维；最后一个表述"我们可以让自己变得更聪明"，不赞成这个表述的学生有固定型思维。学生有机会解释自己的想法，他们的解释真的令人大开眼界。问及为什么会那样认为时，学生的答案能让我们加深对他们思维方式的认知。有些学生的回答如下：

- 有些小孩又懒又累，不想接受教育。

- 每个人都是从零开始的。

- 每个人与生俱来的聪明才智都是一样的。

- 如果大家用心做某事，就能够成功。

- 小孩不是天生就聪明的；他们是后天变聪明的。

读每一个表述时，幼儿园和一年级学生使用"赞同"及"不赞同"的标示（不要让其他人看到自己的回答），而在教室里的老师、助教或其他成年人会注意到哪个学生流露了固定型思维，密切关注第二个和第三个表述下孩子的反应。

学校收集的此类数据显示，学生年纪越小，成长型思维的比例越高。固定型思维在二年级和三年级之间显著增长，除非有所干预，否则就会持续攀升。"干预"是指在成长型思维环境中学习、理解并实践成长型思维的理念，比如毅力、心理韧性、想象神经元网络联结的画面、成长型思维用语等等。"资源41：学生的思维方式调查表"（第143页）是一个可以供学生使用的问卷调查样本。

学生的思维方式调查表

姓名：_____　　分数：_____　　日期：_____

指令：以下表述你赞成还是不赞成？

每个人都能学习新事物。　　_____赞成　　_____不赞成

解释原因：

_____

_____

_____

一些小孩天生比其他小孩聪明。　　_____赞成　　_____不赞成

解释原因：

_____

_____

_____

我们可以让自己变得更聪明。　　_____赞成　　_____不赞成

解释原因：

_____

_____

·教育工作者的思维方式

随着学校或学区环境向成长型思维转变，衡量成年人成长型思维也是监测和评估的必不可少的一部分。我调查了现有的考察成年人思维方式的工具，直觉告诉我，需要通过不同的途径获取教育工作者思维方式的真实状况，这样教育工作者才不会下意识地选择"正确"答案。因此，对教育工作者思维方式的衡量工具应该是基于课堂情境的，而且能体现他们对具体情境的反应。教育工作者的反应能体现他们是固定型思维、成长型思维，还是居于中间（某些方面是固定型，某些方面是成长型）。

当我开始设计一些情境时，佐治亚沿海学院教育学副教授克莱尔·修斯博士联系了我，说她想弄清什么类型的老师更倾向于成长型思维：普通教育工作者、特殊教育工作者，还是有天赋的教育工作者。克莱尔也正在设计一些情境，我们共同确定了12道题目，让教育工作者对此做出回应。12道题里包括10个情境和两个关于教育观念的表述。克莱尔对不同类型教师的思维方式感兴趣，而我的兴趣点则是在进行专业学习前了解教师的起点在哪儿。我的另一个兴趣点是，任教于不同的社会经济水平学校的教师之间是否存在思维差异，因此我们纳入了一个关于学校人口特征的问题。

"资源42：对教育工作者的问卷调查"（第147—153页）涵盖了上述的题目。我们采用电子制表，可以在任何地方下载，而且数据采集也变得更易于管理。这个表如果用于某地区的学校，我在问卷开始页增添了一个菜单，上面有各个学校的名字以及年级水平。这样，职业发展部就可以根据学校和/或年级水平的具体需求，量身设计研讨会了。

在教职员工做问卷之前，不要通知他们成长型思维将成为学校的关注重点，这样获取的基础数据才真实。学校协助教师转变行为和语言后，可以让他们再做一次这个问卷，以此来监测教师的态度和观念是否有所成长。当然，在学校里观察到的情况也可以作为数据的一部分。教师是否为所有学生都提供了公平的机会迎接挑战？在校园里能听到教师用成长型思维用语评价或表扬学生吗？教师有没有提醒学生关注他们大脑中的神经元联结？教师有没有在课堂上有意培养学生的毅力、心理韧性和坚韧等心理素质？

·成长型思维在校内的实践

全美（以及加拿大、澳大利亚、英国等地）的许多学校和学区都欢迎成长型思维文化。在这些校园里，你将听到老师表扬学生的努力、毅力以及他们使用的策略。你不会看到学生放弃或畏惧挑战而退却。这些学校致力于建设成长型思维学习环境。然而，常被忽略的反而是校方和学区的做法、政策、流程和规章。学校或学区的成长型思维转变应该更加深入，而不仅仅限于成长型思维式的表扬、在学校张贴激励性的标识、培养毅力和心理韧性，以及教学生关于大脑的知识。必须对现有的做法、流程、规章制度等进行系统性审查。有时候，很多制度已经施行多年，而且制定时的需求和经验与现在的情况也大相径庭。这些情况有时难以改变，因为"我们总是这么做"或者校方担心在家长处受阻。"资源43：你所在学校或学区的做法、政策、流程以及规章欢迎成长型思维吗"（第154页）列出了一些问题，可以引发讨论，进而让大家反思并评估校方的一些现行做法。如果确定要改变一些做法，使之变得更欢迎成长型思维，那么要围绕着成长型思维学习环境这个核心进行调整。理想的情况是父母已经了解成长型思维的重要性（详见第八章），而且或许已经是学校思维方式委员会的成员了，不管是哪种情形，让父母参与都不会很费力。

学校或学区可能需要审视的一些做法包括：学生参加高阶学习机会的政策（荣誉课程、大学预备课、国际预科证书课）、中小学荣誉榜、荣誉表彰活动、评分标准、成绩报告、允许学生重新完成任务或者重考的政策、分班制、出勤政策、纪律政策以及学生分组政策。

· 管理人员进行规划

参加成长型思维专业学习后，校方中央办公室和管理人员应该留出时间反思并制订计划。管理人员可以反思他所在的部门或学校已经进行了哪些成长型思维的实践，然后策划发展成长型思维的各种方式，思考他们可能需要的资源，确定一个时间表，制订督导计划。

中央办公室的目标可以包括以下几个方面：课程和教学办公室可以审视现有的材料和课堂，找到一个学期中，可以在什么时候开展关于成长型（或固定型）思维的讨论。学科办公室可以看一看现有课程的哪些地方可以添加相关材料，比如，具有固定型思维或成长型思维的历史人物或者文学作品中的人物（见第六章建议阅读的文学作品）。

对教育工作者的问卷调查

1. 请指出你的学校：

a. ABC小学　　　　　c. HIJ中学

b. DEF小学　　　　　d. KLM高中

2. 你所在的年级：

a. 幼儿园预备　　　　f. 4

b. 幼儿园　　　　　　g. 5

c. 1　　　　　　　　h. 管理人员

d. 2　　　　　　　　i. 其他（请具体写出）：

e. 3

如果没有外界影响或限制（如：体制或学校要求），你会怎么做，据此阅读以下情境，选择你认为的最佳答案。

1. 有个孩子的阅读水平明显低于班上的其他同学。你的英语课将开始讲一篇文章，这个孩子表示自己非常感兴趣。你打算怎么做：

a. 给她一本同样话题、跟她的阅读水平相当的书。

b. 让她和大家读一样的书——她处于这个年级就得读这本书。

c. 让她和一个小组一起读这本书，不断给她反馈。

d. 让她读这本书的简略版或图画版。

解释你为何选择这个答案。

资源42 续

2. 有个学生其他科目的成绩一直是A，但在你的一次数学测试中不及格。确认该学生没有家庭和个人问题之后，你给他什么反馈？

a. 你可能不擅长数学。就试着考及格吧！

b. 如果你需要帮助的话，随时找我。

c. 你可能要改变学习策略。你可以做到的！

d. 不给反馈——学生得承担他行为的后果。

解释你为何选择这个答案。

3. 天赋教育应该：

a. 辨别出真正有天赋的，给他们加餐和加速教学的机会。

b. 给所有学生加餐和加速教学的机会，教学内容根据学生特点进行差异化。

c. 了解学生的兴趣和才能，提供机会让他们的兴趣和才能得以发展。

d. 不存在，因为所有的学生都是有天赋的。

解释你为何选择这个答案。

4. 特殊教育应该：

a. 辨识出有学习障碍的学生，给他们提供干预。

b. 根据学生的特点，给所有学生提供差异化的活动，以多种方式学习。

c. 辨识出学习吃力的学生，给予支持。

d. 不存在，因为所有学生都是特殊的。

解释你为何选择这个答案。

5. 你班上有个学生平时表现很好。然而这周却没有完成任务，作业几乎没完成。你这周讲的是时事，你知道她对科学更感兴趣。你将如何对她做出回应？

a. 告诉她时事不是她的特长所在，下周老师会讲不同的话题。

b. 让她做科学作业。

c. 告诉她你喜欢她在课堂讨论中付出的努力。

d. 问她是如何看待科学与时事之间的关联。

解释你为何选择这个答案。

6. 有个孩子学习一直很吃力。今天的考试他表现得很好。你会怎么对他说？

    a. 看看你是多么聪明！

    b. 我知道你是能够做到的！

    c. 你付出的努力得到了回报！

    d. 不反馈——他应该一直以来都这么做。

解释你为何选择这个答案。

7. 有个被认定为天赋儿童的小孩，她阅读同年级水平的读物很吃力。你打算把她放入以下哪个阅读小组：

    a. 低水平小组，如此你可以关注她和同水平孩子的阅读技能。

    b. 混合小组，如此可以用合作式学习法。

    c. 学生自发结成的小组，每个小组根据兴趣关注不同的文本。

    d. 我不分组；所有孩子都要接受课标要求的教育。

解释你为何选择这个答案。

8. 有个接受特殊教育的小孩，阅读水平超过年级水平。你打算将他放入以下哪个阅读小组：

　　a. 低水平小组，如此你不用给他施加压力，可以关注他的特殊需求。

　　b. 混合小组，如此可以用上合作式学习法。

　　c. 高水平小组，如此他能够阅读更有挑战性的材料。

　　d. 我不分组；所有孩子都要接受课标要求的教育。

解释你为何选择这个答案。

9. 孩子在前测和后测中的得分如下：

名字	前测	后测
诺拉	70%	85%
杰森	90%	95%
莱恩	10%	60%

你认为哪个孩子做得好？

a. 诺拉　　b. 杰森　　c. 莱恩　　d. 一个都没有　　e. 所有小孩

解释你为何选择这个答案。

10. 有个小孩被认为是天赋儿童，但在你的数学课上学得吃力。你打算如何做：

　　a. 按他的水平教他数学，或者和另外一个老师一起帮助他。

　　b. 按大家正在学的难度教他——他已经在这个年级了，所以必须跟上。

　　c. 让班级其他同学做常规的作业，向他展示更高级别的数学，并解释他现在正在学的技能对于理解高阶数学很重要。

　　d. 让班级其他同学做常规的作业，你按原先的材料重新教他一遍。

解释你为何选择这个答案。

11. 班上有个孩子的行为很成问题。她跟不上进度，很少完成作业。她只有在班级讨论历史事件或时事时才有所参与。你对她如何反馈：

　　a. 告诉她谈及历史和当今事件时，她表现得很聪明。

　　b. 针对她感兴趣的领域，给她布置额外作业。

　　c. 告诉她你欣赏她在讨论中付出努力。

　　d. 问她为何对历史感兴趣。

解释你为何选择这个答案。

12. 孩子在前测和后测中的得分如下：

名字	前测	后测
诺拉	70%	85%
杰森	90%	95%
莱恩	10%	60%

你觉得哪个小孩最成功？

a. 诺拉　　b. 杰森　　c. 莱恩　　d. 一个都没有　　e. 所有小孩

解释你为何选择这个答案。

资源 43

你所在学校或学区的做法、政策、流程
以及规章欢迎成长型思维吗

学校或学区领导团队可以使用以下问题，从成长型思维的视角审视校方的做法、政策、流程以及规章。现行做法是成长型思维，那答案就是"是"。如果现行做法更倾向于固定型思维，那么应该取缔这个做法？还是把它改造成成长型思维？可以提问的问题包括：

☐ 这种做法是否一直给学生提供平等地接触挑战性教学内容的机会？

☐ 这种做法是否重视驱动力、努力、兴趣或学生的学习习惯？

☐ 这种做法是否回应了学生的需求？（还是出于学区/学校传统而实施的？）

☐ 这种做法侧重过程和成长吗？还是关注一刀切的成绩？

☐ 这种做法的导向积极吗？

☐ 这种做法是否消除了障碍，并关注个体学生的需求？

☐ 这种做法是否满足了学生没被满足的需求？

☐ 这种做法、政策、程序或规定的目标是什么？

☐ 这种做法应该被取消，还是往成长型思维方向上调整？

"资源44：管理人员的反思和规划"（第157—158页）给大家举例说明成长型思维文化环境是由哪些方面构成的。

·课堂上的观察重点

在《可见的学习与思维教学》中，"在一个差异性、回应式课堂上进行的'找一找'活动"（第169页）有助于在学校或课堂迈向成长型思维和回应式教学的过程中，进行及时观察并监督进展。我设计了"找一找"活动后，认为我们首要关注的是成长型思维课堂的特征。我们只有营造出一种重视成长、努力、心理韧性以及潜力的班级氛围，才能做到差异化、回应式教学。

实践证明，为学生和成人研发仅衡量思维方式的工具，其实更有挑战性，我到各类学校和课堂去实践这种工具，发现很困难。我总结出了在成长型思维课堂中学生会说的话、做的事，然后实地考察时，重点观察这些语言和行为。拜访了许多课堂之后，我的感悟是：不要满足于你的所见所闻，也要注意你没看到或没听到的。比如，在许多成长型思维课堂，我从未听到某个学生说"这太难了""我不能做这个"或"我完全不理解这一点"。事实上，在一个四年级的课堂，老师让学生把他们读过的故事的某个方面画出来。学生做这项任务时，我很认真地听了，我承认自己想着至少有学生会说"我不会画""这看起来可怕"或"我可以画简笔画吗？因为我不擅长画人物"。但我没听到哪个学生谈及这项任务的难易，或者画画的能力——他们都很投入，而且看起来非常仔细地思考他们正在画的内容。事实上，我拜访了这所学校的许多课堂，从未听过学生说放弃或不能做什么事之类的话。

"资源45：成长型思维学习环境中的'观察重点'"（第159—160页）提供了一系列能在成长型思维课堂中观察到的事物。管理人员或职业发展教育工作者在巡班时可以使用这个资源。老师也可以用这个资源进行反思。这个清单无法做到面面俱到，但给学校和老师提供了一个设定目标的基点。记住，塑造成长型思维课堂，需要具有成长型思维的教师。

·教育工作者的成长型思维句型范例

我拜访一所正在建设成长型思维环境的中学的时候，问学校领导团队什么样的资源对他们来说最有用。回答是他们想要一份正确句型清单或者范文，这样当大家转向使用成长型思维用语时，所有人都用得上，包括办公室职员、自助餐厅员工、维修部员工等等。"资源46：教育工作者的成长型思维句型范例"（第164页）能够让大家开始使用成长型思维用语。这份清单无法囊括所有语言，但能启发学校职员去思考到底应该对学生说什么。

资源 44

管理人员的反思和规划

学校/办公室： 日期： 管理人员：

成长型思维环境式的构成	举例说明	在我的学校或教学项目中已开展的	发展计划	时间表	督导计划
成长型思维式的反馈与表扬	· 所有职员都赞扬努力、过程、策略以及毅力等 · 在每个年级都使用"然而"这个词 · 判卷时以成长型思维方式打分，绝不要听到"你错了8道题"这样的语言				
有意培养能造就成功的非认知因素	· 毅力是贯穿整所学校的一条线 · 向学生示范什么是心理坚韧和坚韧，认可 · 学生和大人身上体现的这种精神 · 注意到学生坚持不懈，从跌倒处爬起，以积极态度处理困境 · 不为失败懊恼，将失败当成数据，看成迈向成功的一步 · 教学生面对挫败时学会坚持 · 课程强调具有毅力和心理韧性的文学人物、科学家、历史人物				

资源 44 续

成长型思维环境的构成	举例说明	在我的学校或教学项目中已开展的	发展计划	时间表	督导计划
公平享有高阶学习的机会（回应式教学）	• 每个科目都做预评估 • 教师主持小组讨论 • 所有的学术水平的学生都有相应支持 • 不将分数用来预测学生的可能性及潜能；分数只代表学生暂时的水平，不能限制他们的发展 • 经常的形成性评估反馈				
让各年级学生理解神经网络的概念	• 教学生关于神经元联结的具体课程 • 在中学阶段，确定神经元联结的内容放在哪个课上教：健康？心理学？自然科学？文学？新生研讨会？ • 所有老师都用神经元联结来鼓励学生想象联结形成的画面，增加驱动力				
其他想法：					

资源 45

成长型思维学习环境中的"观察重点"

期待

☐ 老师相信通过学习高阶水平的课程，所有学生都能学有所得。

☐ 所有学生都公平享有高阶学习的机会。

☐ 学生和老师都相信智力能够后天发展：学生能够理解神经元联结这一概念。

社会心理技能或非认知因素的培养

☐ 有意教导和培养毅力、心理韧性、坚韧和坚持。

☐ 学生不畏惧学习上的挑战（不打分），从而加强神经元联结和培养心理韧性。

☐ 在日常教学中嵌入了提高思维水平的模块。

课堂环境

☐ 明显具有成长型思维课堂文化的特点——学生不说"我不能"。

☐ 老师表扬学生的努力、过程和使用的策略。

☐ 积极看待失败，关注从错误或失败中能够学到的经验。

☐ 不强调成绩或分数。

☐ 在课堂上不给学生贴这样的标签："有天赋的""正常水平"等。

☐ 给学生机会设定自己的目标并反思课业。

资源45续

学生可以说

☐ 我还没理解，然而……

☐ 我的神经元暂时还没联结，然而……

☐ 如果我练习，我将能够做到。

☐ 我不会放弃的。

☐ 我感觉到自己的神经元开始联结了。

☐ 我可以尝试一些更有挑战性的任务吗?

老师们可以说

☐ 你暂时还没掌握，然而坚持练习、尝试，你可以的。

☐ 我喜欢你坚持完成任务的样子。

☐ 让我们想一个新的策略让你再次尝试。

☐ 你努力完成那项任务的样子我为你感到骄傲。

☐ "然而"……

☐ 我能看到你为此付出的努力和做好这件事的决心。

☐ 你可以想个办法让这件事变得更有挑战性吗?

可以在课堂上看到的事物

☐ 成长型思维的提示（比如海报、神经元图片等）。

☐ 学生灵活分组，不同水平协同合作。

☐ 关于毅力的名人名言以及关于失败的积极提示。

☐ 学生更正的错误、重做作业，以及成长进步的体现。

☐ 公示栏和奖励贴体现的是学生付出的努力。

·学生设立目标

所有年龄阶段的学生都应该积极参与到学习目标的制定中来，并努力实现这些目标。把设定成长型思维目标作为起点再好不过了。当学生开始学习成长型思维的一些理念，他们立刻就能着手设定自己的成长型思维目标。关于这些目标的例子包括：

• 我学好某些知识需要花更长的时间，但我不会立刻放弃。

• 我对自己期待很高。

• 不清楚的地方我就提问。

• 我将回顾所有的作业，通过修改错误或重做来提升自己。

• 我不再想或说"我不能做这个"或"我不能理解这个"。我将不断尝试并寻求帮助。

• 为了确保自己能够理解知识，我将在课后向老师提问或与学习伙伴一起学习。

• 我将每天花时间训练_____技能。

• 如果我还没有成功，我将用新的方式再次尝试。

• 如果现有的任务不需要付出太多努力，我将要求接受更有挑战性的任务。

"资源47：我的成长型思维目标"（第165页）提供了学生制定目标所需的工具。让学生一次设定一个目标，并估算他们完成这个目标需要的时间。学生也必须找出可以用来实现目标的策略，并举例说明他们怎么实现或为何没有实现目标。比如，如果学生的目标是"我将回顾所有的作业，通过修改错误或重做来提升自己"，那么他举的例子可能是"在文学课上我答完了章节问题，站起来交卷时想起了自己的目标。于是我坐下来，重读每个问题，确保自己的答案是完整的。然后意识到自己写了一个不完整的答案——这给了我一个机会在上交之前完善我的作业"。资源48和资源49（第166—167页）是目标记录表的范例。约瑟夫是实现目标的例子，凯瑟琳是尚未实现目标的例子。

有一次拜访某所中学，我注意到每个学生都有一张印着爪印的剪纸贴在自己的柜子上，上面写着个人目标。(爪印和学校的吉祥物有关。)这样设计储物柜，学生每次到他们的柜子跟前就能提醒自己目标是什么。我注意到有些目标包括：

• 为了提升自己第二季度独立阅读的能力，我每天晚上都要做阅读训练。

• 这个季度我将让自己的组织性变得更强一些。

• 当我不理解数学的某个知识点时，我将寻求其他帮助。

我也注意到许多目标围绕着分数，比如，"我将在这个季度取得好成绩"。将学生的个人目标贴在储物柜上，这个想法很好，但必须引导学生设定一个强调过程而不是以分数为主的目标。他们需要思考自己应该做什么、具备什么品质，比如培养毅力、多多训练、增加学习时间、寻求帮助、更加乐观、展现成长和进步，等等，而不是关注成绩、分数或荣誉榜。过程性目标将自然而然导向更多的成功。

另外一种做法是鼓励学生随时反思成长型思维目标。学生自己建立目标或者你可以给他们提供目标，然后他们每周、每月或每个季度都能反思。"资源50：学生成长型思维的自我反思"（第168页）教学生具体如何实现每个目标。

理想中，应该把对成长型思维环境的督导和评估纳入学校提升计划。第一个年度目标可能只关注：

- 成长型思维式的反馈和语言。

- 教学生成长型思维的理念。

- 和学生一起理解大脑这一概念。

- 有意培养学生的非认知技能——毅力、心理韧性和坚韧。

第二个年度目标可以是：

- 对父母的教育。

- 回应式教学和平等享有高阶学习机会。

这一章节的数据收集工具，能给你提供一些方式评估学校的成长型思维目标，并且有助于维持成长型思维环境。

资源 46

教育工作者的成长型思维句型范例

☐ 你暂时没做到，然而通过不断尝试、坚持练习，你可以的。

☐ 我喜欢你坚持完成那项任务的样子。

☐ 如果你对自己的课业不满意，再试试看，而且思考下次用不同的方式完成。

☐ 你努力完成任务的样子我为你感到骄傲。

☐ 我能够看到：

> ▶ 你对此付出的努力。

> ▶ 你做好这件事的决心。

☐ 你能否让这个任务变得对自己更有挑战性？

☐ 我对你的错误很好奇；让我们一起研究一下发生了什么？

☐ 我注意到你使用了这个策略；简单告诉我你为何选择这种方式来做这件事？

☐ 你自己迎接了挑战，你肯定为此而自豪。

☐ 当第一个策略不管用时，我看到你使用了一些新策略；这个决定很有想法。

☐ 抱歉，我让你在那项任务上浪费了时间，那项任务对你而言太简单了。

我的成长型思维目标

姓名：_____　　　　日期：_____

成长型思维目标：_____

_____

_____

_____

我希望在_____之前（日期）实现我的目标：

为了帮助自己实现目标，我使用的策略或方法：

_____

_____

_____

检查：我是如何朝着成长型思维目标努力的？日期：_____

_____ 我已经实现这个目标。

_____ 我实现了一部分目标。

_____ 我还没有实现这个目标。

举例说明，我做了哪些事情让我实现/部分实现/尚未实现这个目标：

_____

_____

_____

列举我想尝试的新策略，或新的成长型思维目标：

_____

_____

_____

我的成长型思维目标

姓名：_约瑟夫_　　　　　日期：_九月七日_

成长型思维目标：_我理解某些知识需要花更长的时间。但我不会一下子就放弃的。_

我希望在　_九月十八日_　之前（日期）实现我的目标：

为了帮助自己实现目标，我使用的策略或方法：

每次做课堂作业或家庭作业遇到困难时，我不会主动放弃。我会以不同的方式来弄清楚，或者使用资源——比如我的书——来弄清楚。我会花更多时间，直到问题得到解决，但如果我找不到自己所需的帮助，我会向老师或妈妈求助。

检查：我是如何朝着成长型思维目标努力的？日期：_九月十五日_

　_√_　我已经实现这个目标。

_＿＿＿_　我实现了一部分目标。

_＿＿＿_　我还没有实现这个目标。

举例说明，我做了哪些事情让我实现/部分实现/尚未实现这个目标：

我在学校做数学作业时，遇到困难。戴维斯女士正帮其他小组的同学。所以我决定再看看黑板上的笔记，也看一下试卷上的例子。我一遍遍地尝试，直到我最终解开题目。

列举我想尝试的新策略，或新的成长型思维目标：

我的新目标：我将回顾所有的作业，补充一些内容或重做一遍来提升自己。

资源49

我的成长型思维目标

姓名：凯瑟琳　　　　　　　　　**日期：**九月一日

成长型思维目标：我不会想或说："我不能做这件事。"

_____

_____

我希望在　　九月十八日　　**之前（日期）实现我的目标：**

为了帮助自己实现目标，我使用的策略或方法：

每当遇到对我而言很难的作业，我会看到神经元在我的大脑中努力联结的画面。当我产生"我完成不了"这样的念头时，我会坚持努力，直到我理解这个作业。如果这些都不管用，我会寻求帮助。

检查：我是如何朝着成长型思维目标努力的？日期：九月十四日

_____　我已经实现这个目标。

_____　我实现了一部分目标。

　✓　　　我还没有实现这个目标。

举例说明，我做了哪些事情让我实现/部分实现/尚未实现这个目标：

我每次遇到挑战时，心里会不由自主地想"这个我做不了"。我不想犯错，因此我放弃了。

_____

列举我想尝试的新策略，或新的成长型思维目标：

每次出现这样的情形，我会让自己走出固定型思维模式，让自己走入成长型思维模式。我会提醒自己犯错是学习新事物的一部分。我会在书桌的角落放一张神经元的小图来提醒自己：如果每次都努力思考，我的大脑就会变得更强大。我把自己的目标日期调整到九月二十日。

资源 50

学生成长型思维的自我反思

学生：_____　开始的日期：_____　反思的日期：_____

成长型思维的行为	总是	时常	尚未	反思日期	例子或证据
我反思自己的学习。					
我设定自己的学习目标并自我监督进展。					
如果我还没成功，就尝试不同的策略。					
我正提升自己的毅力。					
我在想象神经元联结的画面。					
我反思自己的错误，并从错误中学习。					
我没有逃避挑战——我欢迎它们。					
我的心理韧性变得越来越强。					
我尝试了不同的策略之后，向成年人寻求帮助。					

CHAPTER **10**

第十章

如何在读书会或小组讨论中使用
《可见的学习与思维教学》

　　《可见的学习与思维教学》的写作初衷是：在大量的研究的基础上，创造一套便于教育工作者使用的资源，最终帮助孩子们相信自己的潜能及可能性。许多学校和学区将这本书列入读书俱乐部和读书会的必读书目。读书会的规模和人数不尽相同：有在学校内组织的，有在学区范围内举办的，还有院校合作组织的，以及按年级划分的。这一章节给大家带来一些如何组织读书会的想法，让读书会能够吸引那些喜欢思考并且对新想法持开放态度的书友的参与。下面几个模型来源于读书会实例，同时也结合了读书会组织方的建议。读书会的形式应该是读者能够理解的；在学校举办的读书会可能选择面对面的方式，确保大家参与讨论，或者选择面对面和博客结合的方式。校际合作或学区范围内的书友会，可能第一次采用面对面的形式，然后过渡到线上学习。以下模型源自爱荷华州、马里兰州和得克萨斯州的小学、初中和高中通过不同形式举办的读书会。

·读书会模型1：线上博客

爱荷华高地学区河滨小学的校长埃里克·瓦尔德选用了一个组织者无需耗时准备，又能覆盖全校教职员工的读书会模式。老师使用谷歌博客来分享他们读每个章节后摘录的原文。上传摘录之后，参加者分享他们为何摘录这段话，同时进一步提出问题，思考这段话有什么教育意义，这与他们的教学职业生涯有何关系，等等。在河滨小学，读书会是自愿的，65%的老师选择参加。

可以从苏伦·斯温上传到博客的文章中，了解如何运作这一形式。苏伦是河滨小学的一位老师，她从《可见的学习与思维教学》的第一章摘选了以下语段并上传到博客，进而思考自己为何选择这段话。

> 我们需要后退一步，深吸口气，意识到这与学生多快速掌握知识无关。这与他们的毅力和努力有关。

随着对思维方式的了解，我感到越来越清晰的是：掌握科目内容显然重要，但与塑造毅力、好奇心，以及成为一名学习者相比，它黯然失色。如果一名学生学会带着毅力去迎接挑战，我相信他也能够掌握学术内容。当然，迎接挑战是为了让所有学生都达到一个高水平的学术标准，而创造一个学习节奏可以有所差异的环境，可以让学生保持积极的思维方式。所以当我读这本书时，觉得自己有决心创造出这样的环境。我想提醒自己"退一步，深吸口气"，然后把学生塑造成有毅力的勤奋的学习者。

河滨小学的老师们对彼此的博文做出回应，并通过博客参加讨论。瓦尔德也以同样的方式参加读书会。至于他为何选择这个形式开展读书会，瓦尔德分享道：

> 我们想举办读书会，我先前也通过博客举办过读书会，我是这一形式的忠实粉丝，因为举办这样的读书会时，不会出现大家的时间协调不开的情况。此外，这一形式很灵活，不受时间地点限制，大家都能参加。

与此同时，当老师参加读书会时，学校辅导员马洛里·德莱西到课堂上展示成长型思维教学，并与孩子们谈论毅力和成长型思维的重要性。在这些观摩课中，学校督导离开之后，在场的老师还能够继续和孩子们谈论成长型思维。瓦尔德分享说，那些观摩的老师对成长型思维的兴趣也得到"有机"增长，从此，整个教学楼的人员都开始了相关的对话。他也分享说以博客形式开展的读书会效果比预想中好，而且他正策划下一个阶段，即让父母参与进来、共同发展成长型思维的社区。

· 读书会模型2：面对面与线上EDmodo平台相结合

在马里兰郊区的一所初中，职业学习教师部为中学教职员工举办了一个线下与线上相结合的读书会，即面对面讨论并使用EDmodo平台（在线学习平台）进行为期3个月的研讨（每3个月让一个不同小组的老师参加研讨）。读书会的组织者提供问题和任务让参加者参与到学习中来。该活动得到马里兰州的赞许，每位积极参加读书会的老师都获得了马里兰州教育部职业持续发展学分。（你可以跟自己所在州的教育部确认通过读书会是否可以申请持续教育学分。）

参加读书会的书友一起创建了"思维方式行动计划"，于春季和夏季读书会之后的学年伊始实施。大多数参加者和其他感兴趣的老师可以参加每月举办的思维方式委员会会议，以此继续支持该计划在学校范围内的施行。能很明显地看出，读书会强调把对此书的学习与学校社区紧密结合起来。"资源51：读书会模型2：面对面与线上EDmodo平台相结合"（第172—180页）在你的学校或学区使用时可以进行调整，以这个模型为蓝本，量身创办自己的书友会。校方也可以把这个资源作为创办读书会的指南，因为里面有很多有意义的讨论话题，也有一些能对校内的思维方式行动计划有所贡献的任务。

资源51

读书会模型2：面对面与线上EDmodo平台相结合

《可见的学习与思维教学》读书会

时间表：_____

面对面讨论：阶段1

产出

☐ 讨论在我们学校发展成长型思维包括哪些内容，以及有什么潜在影响。

资源51续

议事日程

☐ 讨论第一章

☐ 课堂日程安排与期待值

第一章

当你读第一章时，对哪些内容产生共鸣：

☐ 对你自身的思维模式和经验而言，

☐ 对你作为教师的角色而言，或

☐ 从父母的视角出发

作者写道：

学校所有教职员工，包括管理人员、教师、支持人员，以及父母，必须真正相信所有的孩子都能够成功。与此同时，孩子们也必须接受这个理念。

接下来，哪些行动能帮我们接近这个目标，分享你的想法：

资源51 续

Edmodo平台线上讨论提示

如何运作

1. 在线上笔记中回答每一个问题。每个答案前面写上章节序号，这样大家就知道你回答的是哪个问题。可以在你的笔记末尾提一个问题鼓励大家讨论。

2. 上传你对章节问题的解答时，不要点击"回复"他人的笔记，这样会造成混乱。

3. 等其他人都上传他们的笔记之后，请点击回复链接，至少回复两个人的帖子（如果你愿意的话，可以多多回复）。

4. 在截止日期之前上传你的笔记，这样其他人有充裕的时间回复你的帖子。

（如果说明有令人困惑的地方，请告知，我将会亲自给大家解释清楚。谢谢！）

Edmodo任务：第二章和第三章

截止日期：＿＿＿＿＿＿＿＿＿＿＿＿＿＿＿＿＿＿＿＿＿

第二章

☐ 思考作者对如何构建成长型思维校园文化提出的建议，请大家针对如何在我们学校打造成长型思维校园文化提一些建议。

第三章

1. 画一张差异化及回应式教学的图。在我们学校施行的话，第三章所描述的教学要素，看起来会是怎样的?

2. 设计这一类型教学时，列几个潜在的障碍，并就解决其中一个障碍提出建议。

Edmodo任务：第四章和第五章

请读这两个章节，回答以下问题，并分开上传答案，并在_____（日期）前回复两个帖子。

第四章

作者写道：

通常，对于那些在传统学习领域，如阅读、写作和数学，表现不是特别优秀的学生，老师的期待值并不高。若凭成绩（在有些案例中通过智力）看待学生，那么对于那些被认为水平较低的学生而言，批判性思考的机会就更少了。

问题：从何种程度上，我们限制了非天赋学生进行批判性思维的机会？思考作者在第70—79页中描述的"批判性思维下成长型思维教学形成的课题成果"。在此分享这个课题对我们的工作有什么影响，如何应用到我们的工作中。

第五章

在第82页，作者引用了《遇见罗宾逊一家》的一句话："你失败了！通过失败，你学习了；若是成功，你没能学到这么多。"

为了更好地理解第五章的内容，请听听瑞克·沃尔梅里关于失败、成长型思维和重做的想法：https://www.youtube.com/watch?v=TM-3PFflfvl&t=122

资源51续

问题：你看视频时是否有"恍然大悟"的时刻，或想到哪些问题，请与大家分享。你的所读所闻从哪些方面挑战了你的一些想法以及教学实践？如何帮助老师、父母、学生把失败看作"信息"，对此提出第一步可行的建议。

面对面讨论：阶段2

产出

讨论第一章到第五章内容的含义及应用，为我们学校的成长型思维行动计划提供一些想法。

议事日程

☐ 总结第二章到第五章的内容

☐ 思考远景规划、潜在风险以及问题，开始构想思维方式行动计划的大纲

章节总结以及头脑风暴阶段

☐ 第二章：建立成长型思维模式的思维教学的方法有哪些

☐ 第三章：为何差异化、回应式课堂对成长型思维教学如此重要

☐ 第四章：为何批判性思维对成长型思维教学如此重要

☐ 第五章：学生如何从失败中学习

涂鸦板

☐ 请在提供的贴纸上，指出在该书前半部分出现的宏大想法，在从学校范围内铺开计划前，这些想法必须得到解决。

☐ 把自己的想法与其他人的回应联系起来，并加入你的问题和思考。

回顾行动计划的模板。开始思考一个时间表。首先应该做什么？如何做？谁会参与？

思维方式行动计划模板

远见：＿＿＿＿＿＿＿＿＿＿＿＿＿＿＿＿＿＿＿＿＿＿＿＿

使命：＿＿＿＿＿＿＿＿＿＿＿＿＿＿＿＿＿＿＿＿＿＿＿＿

产出：＿＿＿＿＿＿＿＿＿＿＿＿＿＿＿＿＿＿＿＿＿＿＿＿

背景：＿＿＿＿＿＿＿＿＿＿＿＿＿＿＿＿＿＿＿＿＿＿＿＿

任务的描述	参与的人员	时间表

Edmodo任务：第六章和第七章

第六章

请分开上传以下问题的答案，并回复你同事在＿＿＿＿＿＿＿（日期）或之前上传的两个帖子。

资源 51 续

第六章的任务：这一章节包括许多想法和资源，对我们发展思维方式行动计划有所帮助。如作者建议："把这个资源当成一个菜单使用，挑选最令人受益的学习机会……"建议制定一个可以实施的简洁菜单，包括开胃菜、主菜和甜点这些选项。我们如何流畅衔接每一道菜？

（当作者展示这些想法时，思考你会建议哪个想法，修改哪个想法，哪个想法你想用自己的做替换？先前讨论的想法也可以使用。）

第七章

根据你自己的经历和观念以及第七章展示的内容来回答章节标题："天赋教育与成长型思维是否可以共存？"让你的答案支持你的立场。

Edmodo任务：第八章至第十章

请分开上传以下问题的答案，并回复你同事在＿＿＿＿＿（日期）或之前上传的两个帖子。

第八章的任务：我们已经花了一些时间谈论在学校发展成长型思维文化时父母的角色。你已经分享了一些可以在明年执行的与社区交流信息的方式。除了分享信息，还可以鼓励做出什么小改变或日常实践（在章节里讨论过的或者你想到的），让父母和老师能够合作，一起支持成长型思维文化？

观看《当幸福来敲门》的电影片段，获取一些灵感（见http://www.wingclips.com/movie-clips/the-pursuit-of-happyness/internship-interview）。

资源51续

第九章的任务：作者写道："所有利益攸关方都必须承诺努力建设成长型思维学校文化。"提出一个可以持续强化这个信息，而且对以下每个利益攸关方都独一无二的建议。如果你愿意，你可以对特定的听众提出建议（比如，一位老师如何每天跟她的学生/同事/家长去强化成长型思维概念），上述利益攸关方包括：

1. 校长和管理人员

2. 系部主任

3. 教师

4. 俱乐部赞助者或教练

5. 其他人员

第十章的任务：总结。写一个要点，总结这本书的主要信息。用一个完整的句子写一个准确捕捉文本大意的摘要，约20个词。这个过程帮助大家理解内容。

最后的面对面：阶段3

产出

☐ 讨论第六章到第十章的内容，为我们的学校起草一份思维方式行动计划。

议程

☐ 总结第六章到第十章的内容与收获。

☐ 指出负责起草思维方式行动计划的所有利益攸关方，以及他们在这项任务中的角色与责任。

资源51续

章节总结和头脑风暴阶段

☐ 第六章：如何开展成长型思维教学

☐ 第七章：天赋教育与成长型思维教学是否可以共存

☐ 第八章：如何与家长分享成长型思维模式

☐ 第九章：如何建设成长型思维模式的学校文化

涂鸦板

☐ 在提供的贴纸上，请指出在该书后半部分出现的宏大想法，这些想法在开始着手学校范围的计划之前必须设法了解。

☐ 确定每个利益攸关方的角色并探索如何在我们学校有意义地、现实地推广思维方式理念。

回顾行动计划模板。开始思考时间表。应该先做什么？谁会参与？

·读书会模型3：中学各科目部门面对面读书会

得克萨斯州普莱诺道格拉斯·奥托中学（后简称"奥托中学"）的教职人员得出以下结论：他们的关注点是激励学生迎接学业挑战、不要害怕失败。领导团队熟知卡罗尔·德韦克关于思维方式的著作，他们想在学校进一步推广成长型思维。他们决定选用《可见的学习与思维教学》开展读书会，从而继续关于成长型思维的谈话。为了开启读书会，安东尼奥尼·斯宾塞校长邀请普莱诺独立学校校区中学年度教师莱米·穆罕默德跟奥托中学的全体教职员工讲话。穆罕默德谈到了鼓励学术冒险以及挑战性的任务。在这个过程中，奥托中学的教师受到很大的启发，于是他们修改了评分和成绩汇报政策，让这些政策能够反映学生的学术冒险和从失败中学习的情况。

奥托中学对《可见的学习与思维教学》校园读书会的设计是为了鼓励教师将他们对固定型思维和成长型思维影响的理解转化成自己的东西。斯宾塞分享说："我的目标是思维方式的观点自上而下渗透，改变我们与学生的互动方式、给学生反馈的方式，并能激发老师设计出学生参与度更高的高效学习机会。"作为读书会的结果，斯宾塞注意到："我们对《可见的学习与思维教学》的研究影响了我们如何看待学生，并且在我们努力满足学生个体需求的工作中，给了教师工作重心。"

奥托中学的读书会要求所有专业员工都必须参加。各个科目部门每个月在集体课程规划阶段组织一次会谈。这些小组有5—15个参与者，会谈时长45分钟。每次研讨都会关注章节内容与每个核心课标或授课内容之间的关联。"资源52：读书会模型3：中学各科目部门面对面读书会"（第182—184页）列出了每次研讨的主要内容。

读书会模型3：中学各科目部门面对面读书会

第一章和第二章

☐ 老师们参加思维方式评估来确认他们是倾向于固定型思维还是成长型思维。

☐ 神经可塑性讨论：给老师们匿名的学生学习数据，让他们判断是什么影响着孩子在学习上取得进步。

☐ 老师进行角色扮演，模拟父母和教师之间的沟通。

☐ YouTube上的视频：朱莉·谢尔博士讲述了思维方式的重要性以及如何鼓励学生的成长型思维，见https://www.youtube.com/watch?v=kW5zT2Yzxb0。

☐ 关于成长型思维反馈的讨论：面对学习吃力或没怎么努力就成功的学生时，老师使用成长型思维词汇来鼓励这些学生发展成长型思维。

第三章

☐ 每位老师准备一堂体现差异性教学的课，与小组成员讨论。

☐ YouTube视频：卡罗尔·汤姆林森介绍了"差异性教学如何开始"，见https://www.youtube.com/watch?v=LGYa6ZcUTM。

☐ 小组讨论的问题：

▶ 加餐和加快教学速度，这两者哪个更重要？

▶ 为什么灵活分组教学只出现在小学和阅读课上？

▶ 差异性教学与我们学区课程规划有何关系？

▶ 在课堂上管理多个小组最重要的一个方面是教学目标和指令要清晰。(a)学生完成作业后应该做什么？(b)当学生需要帮助而你正在指导其他小组的学生，这时学生应该做什么？

▶ 为什么许多老师不在一个单元/一堂课的开始就对能力强的学生进行差异化教学，而是把差异化放在末尾？（比如，学生完成作业之时才被告知接着做什么？）

第四章

☐ 老师分享在他们的课堂上应用批判性思维学习经历的例子。

第五章和第六章

☐ 对失败思考的讨论：老师观看关于"失败与成功"的视频片段并讨论，该视频来自《仅仅是存在的故事》(*Tales of Mere Existence*)，观看的网址：https://www.youtube.com/watch?V=QhsQLPVpMAc。

☐ 苏格拉底研讨会：学生如何从失败中学习？苏格拉底学术研讨问题包括：

▶ 当你听到"失败"这个词时，你想到什么？你的学生和他们的父母对失败的感想是什么？

▶ 在学习型环境，失败的重要性是什么？

▶ 分数和评分标准如何影响成长型思维？

▶ 每个人在自己的人生中都失败过。你过去的失败导致了什么结果？它如何影响你的思维方式？

☐ 和学生讨论如何发展成长型思维。

资源52续

☐ 头脑风暴阶段："我们想帮助学生发展什么样的品质，进而鼓励他们的成长型思维？"

☐ 把品质列成一份清单，以小组为单位，提出基本问题来引导与学生的讨论。

第七章和第八章

☐ 关于天赋标签的讨论：教师分享来自第七章的想法。

☐ 在《可见的学习与思维教学》中，作者写道："在一个孩子的人生中，任何成年人，在口头上，或用其他方式表达了对孩子不抱有高的期待，那么孩子的成就会受到影响。"这一点在你工作中是如何体现的？

☐ 速写反思：老师回答以下问题："此时我们快要读完《可见的学习与思维教学》的一半了。这一年我们的思维方式是如何改变的？你是如何与学生互动的？"

第九章

☐ 我们可以通过什么方式监测并评估我们的成长型思维文化？

☐ 我们能够做什么来增强我们的课程和教学中的成长型思维观念？

第十章

☐ 思考《可见的学习与思维教学》中介绍的所有想法、信息和概念，你最大的收获是什么？你在课堂上将会做出什么样的持久改变？

学校范围内的创举

☐ 基于成长型思维创建相关辅导课程，与学生研究并讨论基本的问题。

☐ 老师小组备课，设计每周一课，在日常辅导时间段中讲给孩子。

·读书会模型4：使用维基空间创建高中博客

来自马里兰州巴尔的摩郡奥因斯·米尔斯高中职员发展部的教师艾曼纽·安德烈开发了《可见的学习与思维教学》读书会的维基空间，他写了以下导语：

> 开发此空间的目的是把从书中学到的内容利用起来，讨论我们如何在学校里践行书中的知识和经验。在我们阅读每个章节或几个章节过程中，会产生一些问题，回答这些问题，并与你的同事交谈。基于这些材料，我们明年也将为新生研讨班创建一个单元。

安德烈因此获得职业持续发展学分，马里兰州给每个积极参加读书会的老师都奖励了一个这样的学分。读书会于第二学期正式开展，读书会期间小组成员面对面讨论了4次。"资源53：读书会模型4：使用维基空间创建高中博客"（第186—189页）包含为奥因斯·米尔斯高中读书会参与者设计的许多问题和任务（已经被改编成可供大家使用的材料）。有些任务可以在维基空间完成，其他任务在面对面的讨论中完成。让这个资源给你所在高中的读书会带来灵感吧。

读书会模型4：使用维基空间创建高中博客

第一章 介绍了成长型思维、固定型思维和神经可塑性，并且讨论这三点对校园文化的整体重要性。

作者写道："学校所有教职员工，包括管理人员、教师、支持人员，以及父母，必须真正相信所有的孩子都能够成功。与此同时，孩子们也必须接受这个理念。"

让职员参与的任务：通过网络上传你对以下任何一点的详细理解：

☐ 帮助我们实现员工全员参与、学校全面铺开的建议。

☐ 目前阻挠我们实现这个理想的障碍。

☐ 我们要调整或利用学校目前的哪些架构来实现这个理想。

第二章 深入思考校园文化中的观念和利益攸关方的某些举动，如何影响孩子们的成就。

任务：详细地讨论一下你在课堂中使用过的、与作者在第30—31页提出的模型一致的反馈方式。

第三章 讨论回应式教学。

在这章中，作者写道：

评估必须与每个小组或者学生个人的学习内容匹配。如果学生需要通过一个作业展示他们对内容的理解，确保给学生提供多种选择。老师应该根据每个学生的需求为他量身设计学习内容，再根据学生对该内容的掌握情况给他打分。

任务：评估：需要什么样的步骤，让我们学校的老师能够通过差异性评估进一步发展回应式课堂？

第四章 讨论批判性思维及其对成长型思维的重要性。

在本章中，作者写道：

通常，对于那些在传统学习领域，如阅读、写作和数学，表现不是特别优秀的学生，老师的期待值并不高。若凭成绩（在有些案例中以智力评判）看待学生，那么对于那些被认为水平较低的学生而言，批判性思考的机会就更少了。

任务：对于高于年级水平，或在年级水平之下的学生，我们通常会限制他们批判性思考的机会吗？有没有一种方式能够系统地培养他们？

第五章 讨论学生的失败。

在本章中，作者写道："重要的是老师在他们的课堂营造这样的氛围，即庆祝失败，让学生学会反思及转变，如此他们可以通过一种新的方式或付出更多的努力来迎接一项挑战性的任务。"

任务：看视频：瑞克·沃尔梅尔：重做、重修和改正，第一部分，视频的观看网址：https://www.youtube.com/watch?v=TM-3PFflfvl。瑞克·沃尔梅尔如何看待学生的失败？有没有办法设定一个迟交作业政策来帮助实现这个目标？

第六章 关于如何帮助学生采取成长型思维方式。

任务：考虑我们当前学生的数量。我们可以通过什么方式对学生的思维方式进行预评估？在课堂上你将如何使用这些数据？

第七章 讨论"天赋"学生的概念和成长型思维方式。

作者写道:"如果学生相信通过自己的努力和坚持,他们将在充满挑战的教学环境中成功,那么他们更有可能成功。"

任务:我们在哪些方面区别对待天赋/优等学生和水平中等或偏下的学生?我们为何要区别对待他们?我们可以通过哪些方式改变学校对待标准水平学生的方式?

第八章 关于如何让父母参与。

作者写道:"父母经常在与生俱来还是后天培养的辩论中挣扎,并将孩子的成功归因于基因。""当孩子们遇到困境或尚未成功之时,父母常常忽略这种帮他们学会适应各种情境的机会。"

任务:指出我们学校过去与父母联系或合作时遇到的共同障碍。

☐ 我们可以采取什么步骤来应对那些障碍?

☐ 可以传递给父母什么样的成长型思维信息?

第九章 讨论维持成长型思维的方法。

作者写道:"学习环境也应该是一个无所畏惧的区域。恐惧是如此强烈的一种情感,它会关闭认知的过程,强迫大脑仅仅关注恐惧的来源,纠结该怎么办。害怕犯错、害怕失败是学习的一个巨大的障碍。"

任务:选择一个情景作答。

1. 想一想有没有某个学生由于害怕失败而退却。你能够为这样的学生做些什么以缓解他们的焦虑?

或者

2. 指出在我们工作单位能够感觉到的或实际发生的某个恐惧、压力或焦虑的来源。

☐　这样的压力对你的课堂产生什么影响？

☐　在学校的层面上能够做些什么来缓解焦虑？

第十章

任务：用一个段落详细描述如何在我们的教学区里使用成长型思维以及接下来的步骤应该怎样做到位。

·读书会模型5：传统的面对面研讨

以上所有模型在各自的学校都运行得不错。通过这些读书会，我们更加深入地了解到思维方式如何指导教学并影响学生和学校环境。这些模型也提供了讨论和思考的机会。对我个人而言，有空时坐下来讨论一本书，是一种让自己充满活力的经历。"资源54：读书会模型5：引导《可见的学习与思维教学》读书会的问题清单"（第191—193页）中，每个章节下都设置了问题。选择对你和你的职员而言最有意义的问题——那些问题也有可能与学校的目标和政策或教育工作者的具体需求重叠。这些问题可供与对读书会感兴趣的同伴或学校所有教职员工一同使用。

不管你选择这里提及的哪一种模型或者研发你自己的模型，确保读书会参加者都能讨论读书会结束之后该何去何从。读完书并且讨论结束之后，应该制订一个计划来继续对话，制订一个维持对话的行动计划并为教职员工、学生和家长策划学习机会。

鼓励教师经常重翻这本书，寻找可以在学生当中推广的观点和经验。建议使用以下社交媒体为他们的资源库增添内容，即《可见的学习与思维教学》的脸书页面或者推特@MaryCayR。每次员工大会都留出5到10分钟更新内容——这对于继续保持成长型思维的讨论很重要。

读书会模型 5：
引导《可见的学习与思维教学》读书会的问题清单

第一章

☐ 在我们的人生中，对于某些领域我们倾向于持有固定型思维模式——在某一个领域我们会想："我绝对不会……"或"我是一个糟糕的……"有没有人愿意分享你的某个固定型思维模式呢？

　　▶ 如果你愿意在这方面付出时间并接受指导与支持，你会进步吗？

☐ 如果教育工作者和学生都具备成长型思维，我们的学校看起来会是怎样的，或者你会在我们学校看到什么改变？

☐ 让我们一起画一张温氏图，对比固定型思维和成长型思维行为方式的差异。

第二章

☐ 成长型思维环境对我们学校产生什么样的积极影响？

☐ 构建成长型思维环境时，你能感觉到什么潜在的障碍？

　　▶ 有什么方法可以解决这些潜在的障碍？

☐ 读第36—37页的信件样本。我们学校是否设有类似的政策方针，这是否给那些想参加高阶学习机会的学生设置了障碍？

　　▶ 如果是这样的情况，如何给所有学生创造平等接触高阶学习的机会？

第三章

☐ 这一章节分享了回应式教学的模型。我们课堂上已经使用过其中哪些要点？

资源 54 续

☐ 如何使用预评估的数据来满足学生的需求?

☐ 是否每个年级的每个科目都有小组教学?

　▶ 如果没有，是为什么呢?

　▶ 我们要给予什么样的支持来实现小组教学呢?

☐ 我们学校鼓励所有学生都享有高阶学习的机会吗?

　▶ 为什么有? 或为何没有?

第四章

☐ 为什么批判性思维对成长型思维课堂文化是重要的?

☐ 我们能够做什么来帮助学生把批判性思维策略应用到各种情境中?

第五章

☐ 我们的学生如何从失败中吸取重要的教训? 举例讨论。

☐ 我们可以通过什么方法教导学生，把错误和失败看成将来对我们有用的"数据"或信息?

第六章

☐ 你正在规划/施行这一章节的哪些观点或策略?

☐ 关于思维方式，我们学校可以采用什么方法来教导整个学生群体?

☐ 可以通过什么方法在我们整所学校强调这些概念?

资源 54 续

第七章

☐ 在我们学校或学区，"天赋"这一标签有多重要？

☐ 只有被认定为具备天赋才能的学生，才可以获取通往高阶学习机会的门票吗？

☐ 使用"天赋"或"天赋才能"这样的词是如何导致固定型思维的？

第八章

☐ 我们可以通过什么方式将成长型思维环境的重要性告诉父母？

☐ 如何让父母多参与成长型思维环境的规划？

☐ 为了让父母更好地理解思维概念，成长型思维和固定型思维概念中有哪些要点你认为应该着重传达给家长？

第九章

☐ 可以通过什么方法监测评估我们的成长型思维文化？

> ▶ 我们可以把哪些内容融入课程安排和教学，来强化成长型思维概念？

第十章

☐ 想一想《可见的学习与思维教学》介绍的所有观点、信息和概念，你最大的收获是什么？你最想在自己的课堂或在学校做出的改变是什么？

"常青藤"书系—中青文教师用书总目录

书名	书号	定价
特别推荐——从优秀到卓越系列		
★ 从优秀教师到卓越教师：极具影响力的日常教学策略（入选浙江省教师节用书）	9787515312378	33.80
★ 从优秀教学到卓越教学：让学生专注学习的最实用教学指南	9787515324227	39.90
★ 从优秀学校到卓越学校：他们的校长在哪些方面做得更好	9787515325637	33.80
★ 卓越课堂管理（中国教育新闻网2015年度"影响教师的100本书"）	9787515331362	68.00
名师新经典/教育名著		
★ 马文·柯林斯的教育之道：通往卓越教育的路径（《中国教育报》2019年度"教师喜爱的100本书"，中国教育新闻网"影响教师的100本书"。朱永新作序，李希贵力荐）	9787515355122	49.80
如何当好一名学校中层：快速提升中层能力、成就优秀学校的31个高效策略	9787515346519	29.00
像冠军一样教学：引领学生走向卓越的62个教学诀窍	9787515343488	49.00
像冠军一样教学2：引领教师掌握62个教学诀窍的实操手册与教学资源	9787515352022	68.00
★ 如何成为高效能教师（美国最畅销教师用书，销量超过350万册，教师培训第一书）	9787515301747	89.00
★ 给教师的101条建议（第三版）（《中国教育报》"最佳图书"奖）	9787515342665	33.00
★ 改善学生课堂表现的50个方法（入选《中国教育报》"影响教师的100本书"）	9787500693536	33.00
改善学生课堂表现的50个方法操作指南：小技巧获得大改变	9787515334783	29.00
★ 优秀教师一定要知道的17件事（美国当前最有影响教育畅销书作者全新力作）	9787515342726	23.00
美国中小学世界历史读本/世界地理读本/艺术史读本	9787515317397等	106.00
美国语文读本1-6	9787515314624等	252.70
和优秀教师一起读苏霍姆林斯基	9787500698401	27.00
快速破解60个日常教学难题	9787515339320	33.00
★ 美国最好的中学是怎样的——让孩子成为学习高手的乐园	9787515344713	28.00
建立以学习共同体为导向的师生关系：让教育的复杂问题变得简单	9787515353449	33.80
教师成长/专业素养		
从实习教师到优秀教师	9787515358673	39.90
像领袖一样教学：改变学生命运，使学生变得更好（中国教育新闻网2015年度"影响教师的100本书"）	9787515355375	49.00
你的第一年：新教师如何生存和发展	9787515351599	33.80
教师精力管理：让教师高效教学，学生自主学习	9787515349169	28.00
如何使学生成为优秀的思考者和学习者：哈佛大学教育学院课堂思考解决方案	9787515348155	39.90
反思性教学：一个已被证明能让所有教师做到最好的培训项目（30周年纪念版）	9787515347837	49.00
★ 凭什么让学生服你：极具影响力的日常教育策略（中国教育新闻网2017年度"影响教师的100本书"）	9787515347554	28.00
运用积极心理学提高学生成绩（中国教育新闻网2017年度"影响教师的100本书"）	9787515345680	39.80

书名	书号	定价
可见的学习与思维教学：让教学对学生可见，让学习对教师可见（中国教育报2017年度"教师最喜爱的100本书"）	9787515345000	29.80
可见的学习与思维教学：成长型思维教学的54个教学资源：教学资源版	9787515354743	36.00
教学是一段旅程：成长为卓越教师你一定要知道的事	9787515344478	39.00
安奈特·布鲁肖写给教师的101首诗	9787515340982	35.00
万人迷老师养成宝典学习指南	9787515340784	28.00
中小学教师职业道德培训手册：师德的定义、养成与评估	9787515340777	32.00
成为顶尖教师的10项修炼（中国教育新闻网2015年度"影响教师的100本书"）	9787515334066	35.00
T.E.T.教师效能训练：一个已被证明能让所有年龄学生做到最好的培训项目（30周年纪念版）（中国教育新闻网2015年度"影响教师的100本书"）	9787515332284	39.00
教学需要打破常规：全世界最受欢迎的创意教学法（中国教育新闻网2015年度"影响教师的100本书"）	9787515331591	33.00
10天卓越教师自我培训（教育家安奈特·布鲁肖顶尖卓越教师培训教材）	9787515329925	29.00
给幼儿教师的100个创意：幼儿园班级设计与管理/为幼升小做准备	9787515330310等	58.00
给小学教师的100个创意：发展思维能力	9787515327402	29.00
给中学教师的100个创意：如何激发学生的天赋和特长/杰出的教学/快速改善学生课堂表现	9787515330723等	87.90
以学生为中心的翻转教学11法	9787515328386	29.00
如何使教师保持职业激情	9787515305868	29.00
如何培训高效能教师：来自全美权威教师培训项目的建议	9787515324685	32.00
良好教学效果的12试金石：每天都需要专注的事情清单	9787515326283	29.90
让每个学生主动参与学习的37个技巧	9787515320526	28.00
给教师的40堂培训课：教师学习与发展的最佳实操手册	9787515352787	39.90
提高学生学习效率的9种教学方法	9787515310954	27.80
优秀教师的课堂艺术：唤醒快乐积极的教学技能手册	9787515342719	26.00
万人迷老师养成宝典（第2版）（入选《中国教育报》"2010年影响教师的100本书"）	9787515342702	29.00
高效能教师的9个习惯	9787500699316	23.00
好老师可以避免的20个课堂错误（入选《中国教育报》"2010年影响教师的100本书"）	9787500688785	21.50
课堂教学/课堂管理		
多元智能教学法：挖掘每一个学生的最大潜能	9787515359885	39.90
探究式教学：让学生学会思考的四个步骤	9787515359496	39.00
课堂提问的技术与艺术	9787515358925	49.00
如何在课堂上实现卓越的教与学	9787515358321	49.00
基于学习风格的差异化教学	9787515358437	39.90
如何在课堂上提问：好问题胜过好答案	9787515358253	39.00
高度参与的课堂：提高学生专注力的沉浸式教学	9787515357522	39.90
让学习变得有趣	9787515357782	39.00
如何利用学校网络进行项目式学习和个性化学习	9787515357591	39.90

书名	书号	定价
基于问题导向的互动式、启发式与探究式课堂教学法	9787515356792	49.00
如何在课堂中使用讨论：引导学生讨论式学习的60种课堂活动	9787515357027	38.00
如何在课堂中使用差异化教学	9787515357010	39.90
如何在课堂中培养成长型思维	9787515356754	39.90
每一位教师都是领导者：重新定义教学领导力	9787515356518	39.90
教室里的1-2-3魔法教学：美国广泛使用的从学前到八年级的有效课堂纪律管理	9787515355986	39.90
如何在课堂中使用布卢姆教育目标分类法	9787515355658	39.00
如何在课堂上使用学习评估	9787515355597	39.00
7天建立行之有效的课堂管理系统：以学生为中心的分层式正面管教	9787515355269	29.90
积极课堂：如何更好地解决课堂纪律与学生的冲突	9787515354590	38.00
设计智慧课堂：培养学生一生受用的学习习惯与思维方式	9787515352770	39.00
追求学习结果的88个经典教学设计：轻松打造学生积极参与的互动课堂	9787515353524	39.00
从备课开始的100个课堂活动设计：创造积极课堂环境和学习乐趣的教师工具包	9787515353432	33.80
老师怎么教，学生才能记得住	9787515353067	48.00
多维互动式课堂管理：50个行之有效的方法助你事半功倍	9787515353395	39.80
智能课堂设计清单：帮助教师建立一套规范程序和做事方法	9787515352985	49.90
提升学生小组合作学习的56个策略：让学生变得专注、自信、会学习	9787515352954	29.90
快速处理学生行为问题的52个方法：让学生变得自律、专注、爱学习	9787515352428	39.00
王牌教学法：罗恩·克拉克学校的创意课堂	9787515352145	39.80
让学生快速融入课堂的88个趣味游戏：让上课变得新颖、紧凑、有成效	9787515351889	39.00
★ 如何调动与激励学生：唤醒每个内在学习者（李希贵校长推荐全校教师研读）	9787515350448	39.80
合作学习技能35课：培养学生的协作能力和未来竞争力	9787515340524	45.00
基于课程标准的STEM教学设计：有趣有料有效的STEM跨学科培养教学方案	9787515349879	68.00
如何设计教学细节：好课堂是设计出来的	9787515349152	39.00
15秒课堂管理法：让上课变得有料、有趣、有秩序	9787515348490	33.80
混合式教学：技术工具辅助教学实操手册	9787515347073	39.80
从备课开始的50个创意教学法	9787515346618	29.00
中学生实现成绩突破的40个引导方法	9787515345192	33.00
给小学教师的100个简单的科学实验创意	9787515342481	39.00
老师如何提问，学生才会思考	9787515341217	33.80
教师如何提高学生小组合作学习效率	9787515340340	29.00
卓越教师的200条教学策略	9787515340401	35.00
中小学生执行力训练手册：教出高效、专注、有自信的学生	9787515335384	33.80
从课堂开始的创客教育：培养每一位学生的创造能力	9787515342047	33.00
提高学生学习专注力的8个方法：打造深度学习课堂	9787515333557	35.00

书名	书号	定价
改善学生学习态度的58个建议	9787515324067	25.00
全脑教学（中国教育新闻网2015年度"影响教师的100本书"）	9787515323169	38.00
全脑教学与成长型思维教学：提高学生学习力的92个课堂游戏	9787515349466	39.00
哈佛大学教育学院思维训练课	9787515325101	36.00
完美结束一堂课的35个好创意	9787515325163	28.00
如何更好地教学：优秀教师一定要知道的事（被英国教育界奉为圣经的教学用书）	9787515324609	36.00
带着目的教与学	9787515323978	28.00
美国中小学生社会技能课程与活动（学前阶段/1-3年级/4-6年级/7-12年级）	9787515322537等	153.80
彻底走出教学误区：开启轻松智能课堂管理的45个方法	9787515322285	28.00
破解问题学生的行为密码：如何教好焦虑、逆反、孤僻、暴躁、早熟的学生	9787515322292	36.00
13个教学难题解决手册	9787515320502	28.00
让学生爱上学习的165个课堂游戏	9787515319032	39.00
美国学生游戏与素质训练手册：培养孩子合作、自尊、沟通、情商的103种教育游戏	9787515325156	36.00
老师怎么说，学生才会听	9787515312057	28.00
快乐教学：如何让学生积极与你互动（入选《中国教育报》"影响教师的100本书"）	9787500696087	29.00
老师怎么教，学生才会提问	9787515317410	29.00
快速改善课堂纪律的75个方法	9787515313665	28.00
教学可以很简单：高效能教师轻松教学7法	9787515314457	39.00
好老师应对课堂挑战的25个方法（《给教师的101条建议》作者新书）	9787500699378	25.00
好老师激励后进生的21个课堂技巧	9787515311838	23.80
开始和结束一堂课的50个好创意	9787515312071	29.80
好老师因材施教的12个方法（美国著名教师伊莉莎白"好老师"三部曲）	9787500694847	22.00
如何打造高效能课堂（美国《学习》杂志"教师必选"奖，"激励教师组织"推荐书目）	9787500680666	29.00
合理有据的教师评价：课堂评估衡量学生进步	9787515330815	29.00
班主任工作/德育		
北京四中8班的教育奇迹	9787515321608	36.00
师德教育培训手册	9787515326627	29.80
中小学教师职业道德培训手册：师德的定义、养成与评估	9787515340777	32.00
好老师征服后进生的14堂课（美国著名教师伊莉莎白"好老师"三部曲）	9787500693819	25.00
优秀班主任的50条建议：师德教育感动读本（《中国教育报》专题推荐）	9787515305752	23.00
学校管理/校长领导力		
重新设计一所好学校：简单、合理、多样化地解构和重塑现有学习空间和学校环境	9787515356129	49.00
让樱花绽放英华	9787515355603	79.00
学校管理者平衡时间和精力的21个方法	9787515349886	29.90

书名	书号	定价
校长引导中层和教师思考的50个问题	9787515349176	29.00
如何定义、评估和改变学校文化	9787515340371	29.80
优秀校长一定要做的18件事（入选《中国教育报》"2009年影响教师的100本书"）	9787515342733	26.00
学科教学/教科研		
美国学生写作技能训练	9787515355979	39.90
《道德经》妙解、导读与分享（诵读版）	9787515351407	49.00
京沪穗江浙名校名师联手教你：如何写好中考作文	9787515356570	49.90
京沪穗江浙名校名师联手授课：如何写好高考作文	9787515356686	49.80
★ 人大附中中考作文取胜之道	9787515345567	39.80
★ 人大附中高考作文取胜之道	9787515320694	33.80
★ 人大附中学生这样学语文：走近经典名著	9787515328959	33.80
四界语文（中国教育报2017年度"教师喜爱的100本书"）	9787515348483	49.00
让小学一年级孩子爱上阅读的40个方法	9787515307589	39.90
让学生爱上数学的48个游戏	9787515326207	26.00
轻松100课教会孩子阅读英文	9787515338781	88.00
情商教育/心理咨询		
9节课，教你读懂孩子：妙解亲子教育、青春期教育、隔代教育难题	9787515351056	39.80
★ 学生版盖洛普优势识别器（独一无二的优势测量工具）	9787515350387	169.00
与孩子好好说话（获"美国国家育儿出版物（NAPPA）金奖"，沟通圣经）	9787515350370	39.80
中小学心理教师的10项修炼	9787515309347	36.00
★ 别和青春期的孩子较劲（增订版）（入选《中国教育报》"2009年影响教师的100本书"）	9787515343075	28.00
★ 100条让孩子胜出的社交规则	9787515327648	28.00
守护孩子安全一定要知道的17个方法	9787515326405	32.00
幼儿园/学前教育		
德国幼儿的自我表达课：不是孩子爱闹情绪，是她/他想说却不会说！	9787515359458	59.00
德国幼儿教育成功的秘密：近距离体验德国学前教育理念与幼儿园日常活动安排	9787515359465	49.80
美国儿童自然拼读启蒙课：至关重要的早期阅读训练系统	9787515351933	49.80
幼儿园30个大主题活动精选：让工作更轻松的整合技巧	9787515339627	39.80
★ 美国幼儿教育活动大百科：3-6岁儿童学习与发展指南用书 科学/艺术/健康与语言/社会	9787515324265等	600.00
蒙台梭利早期教育法：3-6岁儿童发展指南（理论版）	9787515322544	29.80
蒙台梭利儿童教育手册：3-6岁儿童发展指南（实践版）	9787515307664	25.00
★ 自由地学习：华德福的幼儿园教育	9787515328300	29.90
赞美你：奥巴马给女儿的信	9787515303222	19.90
史上最接地气的幼儿书单	9787515329185	39.80

书名	书号	定价
教育主张/教育视野		
如何教学生阅读与思考：每位教师都需要的阅读训练手册	9787515359472	39.00
"互联网+"时代，如何做一名成长型教师	9787515340302	29.90
培养改变世界的学习者：美国最好的教育给我们的启示	9787515356877	39.90
教出阅读力	9787515352800	39.90
为学生赋能：当学生自己掌控学习时，会发生什么	9787515352848	33.00
如何用设计思维创意教学：风靡全球的创造力培养方法	9787515352367	39.80
如何发现孩子：实践蒙台梭利解放天性的趣味游戏	9787515325750	32.00
如何学习：用更短的时间达到更佳效果和更好成绩	9787515349084	49.00
教师和家长共同培养卓越学生的10个策略	9787515331355	27.00
如何阅读：一个已被证实的低投入高回报的学习方法	9787515346847	39.00
芬兰教育全球第一的秘密（珍藏版）（《中国教育报》等主流媒体专题推荐）	9787515342610	28.00
世界最好的教育给父母和教师的45堂必修课（《芬兰教育全球第一的秘密》2）	9787515342696	28.00
杰出青少年的7个习惯（精英版）（中小学图书馆推荐书目、中国青少年必读书目）	9787515342672	39.00
杰出青少年的7个习惯（成长版）	9787515335155	29.00
杰出青少年的6个决定（领袖版）（中小学图书馆推荐书目、中国青少年必读书目、全国优秀出版物奖）	9787515342658	28.00
7个习惯教出优秀学生（第2版）（全球第一畅销书《高效能人士的七个习惯》教师版）	9787515342573	29.00
学习的科学：如何学习得更好更快（入选中国教育网2016年度"影响教师的100本书"）	9787515341767	39.80
杰出青少年构建内心世界的5个坐标（中国青少年成长公开课）	9787515314952	59.00
跳出教育的盒子（第2版）（美国中小学教学经典畅销书）	9787515344676	35.00
夏烈教授给高中生的19场讲座（入选《中国教育报》"2013年最受教师欢迎的100本书"）	9787515318813	29.90
学习之道：美国公认经典学习书	9787515342641	39.00
翻转学习：如何更好地实践翻转课堂与慕课教学（中国教育新闻网2015年度"影响教师的100本书"）	9787515334837	32.00
翻转课堂与慕课教学：一场正在到来的教育变革	9787515328232	26.00
翻转课堂与混合式教学：互联网+时代，教育变革的最佳解决方案	9787515349022	29.80
翻转课堂与深度学习：人工智能时代，以学生为中心的智慧教学	9787515351582	29.80
奇迹学校：震撼美国教育界的教学传奇（中国教育新闻网2015年度"影响教师的100本书"）	9787515327044	36.00
学校是一段旅程：华德福教师1-8年级教学手记	9787515327945	32.00
高效能人士的七个习惯（30周年纪念版）（全球畅销书）	9787515350585	79.00

您可以通过如下途径购买：

1. 书　　店：各地新华书店、教育书店。
2. 网上书店：当当网（www.dangdang.com）、亚马逊中国网（www.amazon.cn）、天猫（zqwts.tmall.com）
京东网（www.360buy.com）。
3. 团　　购：各地教育部门、学校、教师培训机构、图书馆团购，可享受特别优惠。
购书热线：010-65511270 / 65516873